傷つきやすい人のための

図太くなれる禅思考

曹洞宗徳雄山建功寺住職
枡野俊明
Masuno Shunmyo

文響社

はじめに

わたしは禅僧ですが、みなさんは「禅僧」について、どんな印象をお持ちでしょうか。立ち居ふるまいが美しい、穏やかな雰囲気をたたえている、いつも柔和な表情で微笑んでいる……。

わたしは、その、禅僧が漂わせる印象の根っこにあるのは、ある「ひとつのこと」だと思っています。

誤解を恐れずにいいましょう。

じつは禅僧はみな「図太い」のです。

ただ、「図太い」というと、まずはズカズカと他人の心のなかに踏み込んでくる無神経なイメージがおありかと思います。しかし本書のテーマである図太さは、もちろん、そうしたものとはちがいます。

生きていくうえで、心を強く持っていられる。そういった態度の〝源流〟になっているのが「真の図太さ」なのです。


嫌なこと、つらいことに押し潰されないたくましさ。

苦しい状況や困難な局面に置かれても、折れたり、へこんだりしないやわらかさ。

その瞬間は落ち込んだり、めげたりしても、すぐに立ち直れるしなやかさ。

自分に批判的な周囲の声に接しても、「まあいいか」と受けとめることができるおおらかさ。


言葉を換えれば、たくましい心も、やわらかい心も、しなやかな心も、そして、おおらかな心も、「図太さ」という土壌のうえに培われるものだといっていいでしょう。

本書のタイトルが気になって手にとられた方は、もしかすると、次のような自覚がありではないでしょうか。

・些細なことで、すぐあれこれ思い悩んでしまう
・自分の意思よりも、人のいうことに流されやすい
・何か心を塞ぐことがあると、いつまでもそこから抜け出せない
・いつも周囲にどう見られているか、気になって仕方がない
・傷つくのが怖くて、自分が思ったことをいえない

こんなふうに、ものごとの受けとめ方が繊細すぎる、小さなことを気に病む、という方。じつは修行前の禅僧も、同じです。禅寺の門を叩くまでは、そんな禅僧はいくらだっているのです。

かくいうわたしも、修行中、寝坊するのが怖いあまり、寝汗をびっしょりかいて、一時間おきに目を覚ましてしまうほどでした。

しかし、いまでは電車でも飛行機でもすぐ眠れます。ある実験で、熟睡率九九・八％と測定されたほど、ぐっすり眠れるようになったのです。

つまり、禅の修行のなかで、自然に心に図太さが育っていったのです。もっとも、禅は行住坐臥《ぎょうじゅうざが》＝人の基本動作である、歩くこと（行）、止まること（住）、すわること（坐）、ふせること（臥）、など日常のそのすべてが修行ですから、とりたてて修行というよりは、禅的な生活を送るなかで身につくといったほうが正しいと思います。

禅的な生活といっても難しくはありません。それは、禅の思考を踏まえてものごとを見ること、禅の教えを心に置いてものごとを受けとめること、少し禅を意識して発言をしたりふるまったりすること、といっていいでしょう。


本書ではそのためのヒントを集めました。

どれもが、また、誰もが、日々の暮らしのなかで実践できることばかりです。

大丈夫、図太さは必ず育ちます。繰り返し読み、少しずつ表現していけば、きちんと身についてきます。

「禅即行動」です。さあ、目についたどの項目からでもいい。始めましょう。

合掌

二〇一七年二月吉日　建功寺方丈にて

枡野俊明

目次

第一章 ちょっと図太くなって、たくましく生きる

目次

第二章

図太い人は、人間関係にも強い

第三章

図太い人は、気持ちの切り替えがうまい

第四章 怒りをため込まないで、図太く解消する

第五章 図太さを貫いたその先に

第一章

ちょっと図太くなって、たくましく生きる

図太い人は、人間関係もいい意味で「鈍感」

人が傷ついたり、悩んだりする原因の大半は人間関係にあるのではないでしょうか。仕事でも、プライベートでも、人はたくさんの人たちとかかわりながら生きています。そこで軋轢《あつれき》や気持ちのすれ違いが起きるのは当然でしょう。

なかでも、繊細さを持ち合わせている人は傷つく度合いが大きいといえるかもしれません。相手のなにげない言動にも鋭い感性がはたらくのです。

「あの人がいったあの言葉、心に引っかかるなぁ。悪意が込められていたのではないだろうか？」

「あんな対応をされるなんて、彼はわたしのことが嫌いなんだわ、きっと……」

いった本人には悪意など微塵もないのに深読みしてしまう。少しぶっきらぼうな対応をされただけで、嫌われていると思い込んでしまう。その結果、相手を避けるようになったり、人づきあい自体が苦手になったりするのです。

一方、図太い人は相手の言動に対していい意味で鈍感、おおらかです。チクリと胸に刺さるような言葉も気にかけない。どうして図太い人はそう思えるのでしょう。

考えてみれば、そもそも人間関係を結んでいる相手に対して、はっきりした悪意をもって接することは、ふつうないはずです。意識して邪険な態度をとることも、そうそうあるとは思えません。

そうであるならば、心ないと響く言葉は〝うっかり〟口が滑って出たもの、こちらを不快にさせるふるまいは〝たまたま〟虫の居所が悪かったりしてとったもの、である可能性が高いわけです。いずれにしても、含むところはないのです。

そこに悪意や悪感情を嗅ぎ取るのは過剰反応というもの。それでは人間関係がギクシャクしてしまいます。

「そうはいっても、性格的に気になって仕方がないのだから、これはどうすることもできないのでは？」

そんなことはありません。わたしの尊敬する板橋興宗《こうしゅう》禅師は常々こんなことをいっておられました。

禅僧といえども、相手の言動にカチンとくることはあります。そんなとき、**板橋禅師は深い呼吸を数回して、「ありがとさん」を三度心のなかで唱えるのだそうです。**すると、怒りの感情はふーっと鎮まってしまうというのです。

「どんなつもりでこんな言葉を吐いたのだ」

と頭で考えたら、怒りは増幅します。しかし、深い呼吸で間をとり、心で何かを呟くと、怒りは頭にまで上らず、萎《しぼ》んで消えるのです。この板橋禅師の流儀は活用できそうです。

後々まで尾を引きそうな言動に接したら、その場で深く呼吸をして、何かを唱える。「平気、平気」「大丈夫、大丈夫」といったものがいいかもしれませんね。これが過剰反応を防いでくれるのです。

傷ついたり、悩んだりする〝タネ〟を跳ね返す「盾」の役割をはたしてくれるといってもいいでしょう。そして、この流儀が身につくと、少々のことでは堪《こた》えなくなる。相手の言動をおおらかに受けとめられるのです。

しかも、もともと繊細さが備わっていることがかえって強みになります。人間関係で相手をおおらかに受けとめるのと同時に、相手に対してはこまやかな気遣いをすることができるのです。

おおらかさと繊細さは、いい人間関係を築き、深めていくうえでのいわば、両輪なのです。ともすると、人とのつきあいがうまくできない原因になっていた繊細さは、おおらかさ、すなわち本書でいうところの図太さを得てさらに輝いてきます。人間関係は一気に好転することになるでしょう。

「図太さ」は「繊細さ」さえも大いなる魅力に変える

禅は「比べる」ことをもっとも嫌う

人はさまざまな思いを持って生きています。そのなかには困ったものもある。劣等感がそれです。劣等感は自分と他人を比較することで生まれます。禅はその「比較する」ということをもっとも嫌うのです。


ここで、みなさんのなかにある劣等感を思い浮かべてみてください。

「同期のあいつはいつも易々と仕事のノルマを達成している。いくら頑張っても、到底、自分はかないっこない」

「彼女は綺麗だから、どんなファッションでも似合うんだわ。おしゃれをしても、こんなわたしじゃ……」

他人に比べて自分は劣っているという思いは、心を縮こまらせますし、悩みや苦しみにも繋がっていきます。しかし、よく考えてみてください。自分より仕事の能力がある同期を羨んだら、自分の能力が高まりますか？　綺麗な彼女を妬ましく思ったら、自分が美しくなるのでしょうか。

答えは「否」でしょう。そう、他人と比べたところで、自分は何ひとつ変わらないのです。知って欲しいのはこの一点です。そして、それが劣等感から抜け出す唯一の方法でもあるのです。

それに、「劣っている」という思いにはかなり不確かなところがあります。こんな言葉を知っているでしょう。

「隣の芝生は青い」

わが家の芝生に比べて隣家の芝生は青々としているように見えるものです。しかし、じつのところは変わらない。なぜか、他人のものはよく見える、よく見えてしまう、というところが人には少なからずあるのです。

これも劣等感を生む一因といえそうです。易々と仕事をこなしているように見える彼は、じつは見えないところで懸命に努力をしていて、その結果を出しているのかもしれません。能力という面では自分と同じ、あるいは、自分より劣っていることだってあるのです。

「放下着《ほうげじゃく》」

これは、捨ててしまいなさい、という意味の禅語。「放下」は放り投げる、投げ捨てるということ。「着」はそれを強調する語です。

まず、捨てるべきは〝比べる心〟です。捨てれば、いまよりずっと軽やかに、おおらかに生きられます。それまでは比べる対象にじっと目を凝らし、その動向に一喜一憂していたなんてことがあったかもしれませんが、その負担がなくなって、心が安らかになります。

他人と比べる心を捨てると、ピリピリと過敏に反応することがなくなり、心がゆったりとしてきて、いいことがいっぱい起きます。たとえば、外に目を向ける必要がなくなったぶん、自分の内面に目を向けることができるでしょう。自分を見つめる時間が増えるのです。ここはとても大事なところです。

わたしは自分の内面でなら比較をしてもいい、もっといえば、比較をするべきだ、と考えています。

「前の仕事では詰めの段階でトラブッたりしたけれど、今度の仕事ではスムーズに最後まで完遂することができた。少しは、仕事のスキルが上がったかな」

「いままではいわれたことをするだけだったのに、自分なりに工夫をして仕事をするようになった。これって、やる気が出てきたってことかしら？」

自分を見つめ、以前の自分といまの自分を比較することで、変化を感じる。それ以上の自己検証はありません。さらに、できなかったことができるようになった自分を知ることは、心にとって大きな喜びですし、もっと自分を飛躍させるための確実な原動力にもなります。

他人と比べても意味はない
自分の内にこそ、比べるものがある

自分の長所には敏感に、短所には鈍感になる

みなさんの「自分の気になるところ」はどこですか？

そんな質問をしたら、さて、どのような答えが返ってくるでしょう。漠然とした問いですから、答えは多岐にわたると思いますが、いくつか例をあげると、おそらく、こんなことになるはずです。

「引っ込み思案で、人前に出ることが苦手。仕事では自己主張が大事だということはわかっているが、なかなかそれができない。性格だから仕方がないのかもしれないけれど……」

「ちょっと太めのこの体型がいちばん気になる。おしゃれをしたくても、着る洋服

だって限定されてしまうし……」

「英語がしゃべれない。グローバル化が進むこの時代についていけなくならないかと不安」

回答に共通しているところがあるのに気づきましたか。そう、「できない」こと、「マイナスだと考えている」こと、がその共通項です。短所といってもいいと思いますが、誰もが気になるのがそこなのです。短所にはとても敏感。人にはそうした傾向があるようです。

そこで、短所を補うことを考える。それが自然の流れでしょう。しかも、あふれんばかりの情報がそれに拍車をかけている。

〈六か月でビジネス英会話がマスターできる！〉

〈自己変革なんて簡単！〉

〈手軽でつらくない、しかも、効果抜群のダイエット法がこれ！〉

そうした類《たぐい》の情報が次から次に押し寄せてきます。現代は〝短所を補う〟ための情報には事欠かないのです。しかし、じつはそこに落とし穴があるのです。もちろん、苦手の克服やマイナス要素の一掃に挑むことは悪いことではありません。

しかし、苦手やマイナスを平均レベルにまで引き上げるのは大変な労力がかかります。目の向けどころはほかにあるのです。

人には短所もあれば、必ず、長所もあります。ところが、その長所については鈍感なのです。案外、見えていない。もったいない話です。もともと得意なこと、自分が持っているプラスの要素が長所なのですが、そこに注目しない手はないではありませんか。

短所を補うより、長所を磨くことのほうが、ずっと効果は上がりますし、だいいち、取り組んでいて楽しい。「一〇」の努力をしても、前者は「三」の効果しか得られないかもしれないのに対して、後者なら二倍、三倍の効果がもたらされます。

敏感になる（意識する）べきは長所、鈍感でいていいのは短所です。英語がしゃべれなくても、たとえば、企画力を磨き上げれば、グローバル化の波に呑み込まれることはありません。〝長所は英語〟という人はいくらでもいますから、必要ならその部分は他人にまかせればいい。

人前に出るのが不得手なら、裏方として、縁の下の力持ちとして、輝いたらいいのです。「あの人の支えなしには、このプロジェクトは成り立たないね」。そんな評価をされるようになったら、組織のなかで揺るぎない存在感、不動の立ち位置を確立しているということでしょう。

短所が気になるのはわかりますが、欠点はあっていいのです。ここは、短所は視界から追い出し、長所にフォーカスする図太さを持ちましょう。長所を伸ばせば絶対に短所を補って余りある自分になれます。それがあなたらしさにつながっていくのです。

短所に目をつぶる図太さが、魅力を伸ばす

「怖いもの知らず」は、「考えすぎる人」にない勢いがある

ものごとをするにあたって「熟慮」する。とても大切なことのように思えます。

事実、ビジネスシーンでも、

「少しは考えてから動いたらどうだ！」

という叱責の声が飛ぶことも珍しくはないのでしょう。もっとも、最近は「すぐ動く」ことにスポットライトがあたり、それをテーマにした本などもベストセラーになっているようです。

じつは、これは、禅の考え方そのものなのです。「禅即実践」という言葉もあるくらいで、とにかく、まず、動きなさい、と禅は教えます。考えすぎたら動けなく

なるからです。

　たとえば、仕事で必要なアポイントメントをとるというときでも、相手が〝大物〟だったりすると、考えすぎることになりがちです。

「どんなふうに切り出したら、失礼にあたらないだろうか？　超多忙な人だと聞いているし、会う時間なんかつくってもらえるのかな……」

「ものすごく気難しい人だと聞いたけど、機嫌を損ねてしまったらどうしよう」

　考えをめぐらせればめぐらせるほど、電話に伸ばす手が縮こまってしまいます。

　もちろん、相手の立場や状況を慮《おもんぱか》ること、礼を失しないことは必要です。神経がこまやかな人はとくにそこで〝手抜き〟はできないのだと思います。しかし、それにもさじ加減というものがあります。

　過ぎたるはなお及ばざるがごとし。配慮も過ぎると、そこから一歩も進めなくなるのです。しかし、動いてしまえばなんらかの反応があります。相手との縁が繋がるといってもいいでしょう。

　いまは忙しくて会う時間がないということなら、いつなら時間をつくってもらえるかを確認することができますし、会うにはこんな準備をして欲しいといった相手からの要望などがあれば、すぐにもそれに着手することができるわけです。いずれにしても、ものごとが回りはじめる。

その意味では、相手が誰でも、状況が困難でも、すぐに行動できる「怖いもの知らず」は、熟慮タイプや慎重居士《こじ》に、はるかにまさるといっていいでしょう。傍からみれば「やたらに強引」「とにかく無鉄砲」にも見える怖いもの知らずですが、なんといっても、「考えすぎる人」にはない、がむしゃらな「勢い」があります。**勢いは力ですし、邪を払うのです。**少々の壁や障害は打ち破ってしまう。ですから、相手の懐にも飛び込めるのです。

日本の実業家で、化粧品や健康食品、ダイエット食品の開発・販売を手がける『銀座まるかん（旧銀座日本漢方研究所）』を創業した斎藤一人さんに次の言葉があります。

「運勢という字は『勢いを運ぶ』と書きます。つまり、運勢は勢いなんです。運勢をよくしたいと思ったら、なんでも勢いよくしましょう」

勢いがないところに、運もめぐってこないし、縁も結ばれない、ということだと思います。とはいっても、神経がこまやかな人には、勢いよくすぐに動くのは、やはり、荷が重いと感じられるかもしれません。

ここは禅の出番です。禅がいちばん重んじるのは「体感」、すなわち、身をもって感じることです。坐禅も最初は足が痛くなりますし、つらくて仕方がありません。しかし、いつか、ふっと「心地よいなあ」と体感できる瞬間があるのです。

すると、その後は坐禅をしないではいられなくなる。ですから、一度、少し無理をして自分を駆り立ててでも、怖いもの知らず風にすぐに動いてみることです。それは、**「動くと何かが始まる」という体感をもたらし、動ける自分への変化に繋がっていきます。**怖いもの知らずの〝免許皆伝〟はすぐそこです。

体感したら、誰でも行動力を発揮できる

何かに没頭しているとき、人は恐れを抱かない

みなさんには仕事でライバルだと感じている人がいますか？　誰でも周囲にいる人の動向は気になるものですが、とくに強く意識するのがライバルの存在でしょう。たとえば、いつも営業成績を競い合っている相手がいれば、

「絶対、あいつだけには負けたくない！」

という思いがあるはずです。それが自分を鼓舞するエネルギーにもなるわけですが、一方では結果にこだわらずにはいられなくさせるのです。

「結果にこだわってどこが悪い。仕事は結果がすべてじゃないか」

それを否定するつもりはありません。しかし、結果だけを睨《にら》んだ仕事への取り組

み方、あるいは、結果のみを求める仕事のやり方は、少しちがうのではないかという気がするのです。

ライバル関係でいえば、結果とは「あいつに勝つ」ということでしょう。ライバルの存在がなければ、「上司の評価を得る」ということになるかもしれませんね。そのことが頭にあると、もっといえば、それが絶対的な目的になると、勝てないことへの、評価を得られないことへの、「恐れ」が心に入り込むのです。

恐れは次第にふくれあがっていき、やがて行動を支配するようになります。怖れを払拭《ふっしょく》するために、なりふりかまわず勝ちにいく、評価を得るためには手段を選ばない、ということになりかねないのです。

その根底にあるのは「ひ弱な心」だ、とわたしは考えています。負けを引き受ける心の強さ、つまり、図太さがないのです。ですから、「邪道」というしかない仕事への取り組み方になるのです。ひ弱な心はときに道を誤らせます。

禅語をひとつ紹介しましょう。

「一行三昧《いちぎょうざんまい》」

真っすぐな心を持って、ひとつのことに全力を尽くす、という意味です。あらゆることにこの一行三昧で臨む。それが禅のふるまい方であり、禅の生き方そのものといっていいと思います。別のいい方をすれば、「そのこと」と「ひとつになる」ということです。

ひとつになっていれば、結果に対する恐れを抱くことはありません。みなさんにも次のような経験はありませんか？　一心に仕事に取り組んでいて、ようやく仕上げ、「ああ、もうこんな時間かぁ。時間の経つのを忘れていたな」と感じる。そんなときは、仕事中、結果について考えていたでしょうか。おそらく、ライバルに勝てるか、上司に褒められるか、といった邪心は心にいっさい入り込んでいなかった、と思うのです。

それが一行三昧の姿、仕事とあなたがひとつになった姿です。別の言葉にすれば、仕事に没頭している姿ということになるでしょうか。

結果はあくまであとからついてくるものであって、けっして自分から求めるものではないのです。どんな人でも、自分の力で結果をコントロールすることはできません。そのことに気づいてください。すると、仕事でいえば、目の前にあるその仕事に、真っすぐな心で全力投入することができます。

そうなれば、結果がどんなものであっても、素直に受け容れることができるのです。かたちのうえで、あるいは数値的に、誰かに勝っていようと、負けていようと、もはや関係がなくなる。評価に関しても恬淡《てんたん》としていられるのです。

ひ弱さとは大きくちがった心だと思いませんか？　それは迷いのない心、揺るがない心、つまり、図太い心です。それを手に入れるのは難しいことではありません。

結果から離れる。目の前のことだけに注力すればいいのです。

結果にこだわるのをやめれば図太い心になれる

失敗への恐れの妙薬は「開き直り」にある

みなさんが何か行動を起こそうとするときに、まず、頭をよぎるのはどんなことでしょう。「よい結果になったらいいなぁ」という成功イメージも、当然、頭にはあると思いますが、その裏には、「もし、失敗したらどうしよう？」というマイナスのイメージも、必ず、ついてまわるのではないでしょうか。

それが人間ですし、誰もがどこかにその恐れを抱えながら生きているのです。

とりわけ、ものごとを真面目に考える人、何にでも真摯《しんし》に取り組もうとする人はその傾向が強いかもしれません。失敗を恐れるあまり、心が萎縮してしまい、動けなくなる、行動に踏み出せなくなるのです。

失敗ということで、わたしが思い出すのは雲水《うんすい》修行、すなわち、禅僧になるための修行道場での修行に入った当初のことです。それまでは〝俗世〟にいたわけですから、修行の初日から生活はガラリと変わったものになります。

それこそ、右も左もわからない状態で修行に取り組むのですから、何をしても失敗の連続。挨拶から箸の上げ下ろし、立ち方や歩き方など、ふるまい方の一切合切にダメが出されます。当時は鉄拳による〝教え〟が当たり前でしたから、とにかくどやされてばかり。

既述しましたが、朝起きることひとつとっても「寝坊をしたらどうしよう!?」と心配で、なかなか寝つかれませんし、眠りも浅く、一時間ごとに目が覚めるという塩梅《あんばい》でした。冬でもびっしょりと寝汗をかいたことを憶えています。

しかし、そんな修行生活をある程度続けていると、気づくことがあるのです。生活が一変したのだから、失敗するのは当たり前、怒られながらできるようになればいいのだ、というのがその気づきです。できない自分を認めよう、そのまま受け容れよう、という気持ちになったとき、そこに気づくことができた、といっていいかもしれません。

実際、三か月、四か月が過ぎる頃になると、朝も自然に起きられるようになりますし、ふるまいも禅僧としてのそれがだんだん身についてもくるのです。坐禅や作務《さむ》（掃除などの作業）もなんとかこなせるようになる。

いま考えてみると、気づきの中身は「開き直る」ということだったのではないか、と思います。開き直るというと、一般的にはあまり良いイメージはないのかもしれません。しかし、神経がこまやかで敏感な人ほど、ちょっとした失敗や人間関係のストレスに悩み、いつまでもクヨクヨしてしまう。うつ病など心の病になってしまう人も少なくありません。そういう意味で、開き直ることで失敗への怖れが薄れ、修行に打ち込むことができるようになるのです。これは、わたしの実感です。

「失敗したっていい。とにかくやるしかない」

そんなふうに思えてくる。もちろん、みなさんの日常生活と修行生活を同じように語ることはできません。しかし、開き直りが失敗をいたずらに恐れることに対する〝妙薬〟であることは、変わらないのではないでしょうか。

仕事で失敗したって、少々、上司からお目玉をいただくくらいでしょう。その後、仕事にトライする機会がなくなってしまうわけではないはずです。

それに、やってみなければ失敗するかどうかはわからないのです。わからないことは放っておく。失敗に縛られない。それが禅の根本的な考え方です。よく知られるこんな諺もあります。

「案ずるより産むが易し」――あれこれ思い悩んでいるより、やってみたら案外うまくいくものだ、という意味ですね。この諺、「開き直りなさい」という昔の人からの教訓に感じませんか？

失敗への不安は脇において、開き直ってください。躊躇《ためら》わないで、きっとできます。そして、何であれそのことを一所懸命にやることだけにつとめる。その経験がまちがいなく、心を少したくましくします。「図太さへの道」が開けるのです。

わからなければ、放っておく

落ち込みの沼から抜け出す「図太い視点」とは

もう少し、失敗についてお話ししましょう。

勇気を出して開き直り、やってみた結果が失敗に終わる、ということはもちろんあります。一度も失敗をしない人はいませんし、ずっと順風満帆でやっていける人生などないのです。

そこで、重要になるのが、失敗をどう受けとめるか、です。

「失敗したらどんどん落ち込んでしまうし、なかなかその状態から立ち直れない」

そんな人が多いかもしれません。わたしは負のスパイラルと呼んでいるのですが、いったん気持ちが落ち込むと、立ち直る力より落ち込む力がよりはたらくのが、ふつうの心の在り様といっていいかもしれません。

しかし、一方にはこんな失敗の受けとめ方もあります。ヒントをくれるのは、本田技研工業の創業者、本田宗一郎さんです。

「失敗が人間を成長させるとわたしは考えている。失敗のない人なんて本当に気の毒に思う」

本田さんがここでいいたかったのは、失敗にこそ「学び」がある、ということではないでしょうか。失敗しても、その失敗に真摯に学ぶことで、人は成長するのです。失敗のない人はその学びの機会を得られないのですから、まさしく、「気の毒な人」といっていいでしょう。

仕事でのミスも同じように受けとめられませんか？　たとえば……。

「そうか、動くタイミングが早すぎたのか。もっと情報を集めてから動くべきだったんだな。動く前には情報集めを徹底する。これは肝に銘じておかなければいけないぞ」

タイミングを誤ったという失敗は、タイミングをはかるうえで何が大切かを学ばせてくれます。判断のまちがえは、以降の的確な判断への道筋を示してくれるでしょう。これって、落ち込むべきことでしょうか。そうではないでしょう。

失敗は「できなかった」こと、「うまくいかなかった」ことではありません。「できる」ためのノウハウを学び、「うまくいく」ための知恵を、ひとつ手に入れたことなのです。わたしは、むしろ、成功にこそ危うさを感じます。

「結果オーライ」という言葉がありますが、タイミングが悪くても、判断を誤っても、〝たまたま〟よい結果が出ることはある。すると、「悪さ」「誤り」が成功の陰に隠れてしまい、自分で意識できないのです。「学び」がないというういい方もできるでしょう。

それが、その後さらに、とんでもないタイミングの悪さ、取り返しのつかない判断の誤りに繋がる可能性は、けっして小さくないはずです。

恋愛だって同じです。手酷《てひど》くフラれて、「ああ、つらいわ」という受けとめ方しかできなかったら、気持ちは後ろ向きになるばかりです。しかし、つらさのなかでも、「彼のやさしさに甘えすぎていたな。感謝の心を忘れていたのかもしれない」と受けとめられたら、次の恋愛に向けて心は前向きになりますし、新たな恋愛では感謝の心を持って相手に向き合うこともできる。

失敗を学びと受けとめるためのポイントはたったひとつです。「失敗した過去はやり直すことができない」ということを胸に刻む。ただ、それだけ。過去の時間はどんなにあがいても、努力をしても、取り戻すことはできません。そうであったら、そこから目を離して、心を転じて、「いま」に集中するしかないではありませんか。いまに集中したら、失敗はちがった姿に見えてくるのではないでしょうか。落ち込みの沼に引きずり込むものなんかではなく、成功への糧、成功に向かう道の一里塚に見えてきませんか？

過去をいつまでも振り返るから心が揺れるのです。いまだけを見つめる。それはどっしりとした、図太い視点です。

図太く「いま」に集中する

思いどおりにいかないから、「どうにかなるさ」と考える

「このところ調子が出ないな。何をやっても思いどおりにいかないし……」

みなさんにもそんなときがあるでしょう。しかし、世の中に思いどおりになることが、どれほどあるでしょうか。たとえば、仕事で成果をあげた。さて、そのときに、「これぞ、一〇〇点満点。思いどおりの結果だ」と感じられますか？

そうはならないと思うのです。仕事は相手のあることですし、こちらと同じように相手も〝思惑〟を持っています。その擦《す》り合わせ、せめぎ合いのなかで、すべてこちらの思惑が通る、すなわち、思いどおりになるということがあるでしょうか。おたがいがどこかで相手に譲って、はじめて着地点が見つかる、ということにもな

るのです。

もっとわかりやすいのが恋愛でしょう。思いを寄せる人がいる。当然、相手にもこちらを振り向いて欲しいと思うわけです。しかし、どれほど情熱があっても、どんなに愛情を傾けても、相手の気持ちをこちらの思いどおりにすることはできません。一方通行の片思いというケースはザラにあります。

そこで、思いどおりにならないのは「自分に魅力がないからなんだ」「わたしが相手にふさわしくない人間だからだわ」なんて悩んでしまう人もいるでしょう。それは、自信をなくしたり、自分を卑下したりすることに繋がります。

わたしには「独り相撲」に映ります。思いどおりになることを前提にして、そう「しなければいけない」と考え、自分で心を窮屈にしてしまっているのです。

はっきりいいましょう。世の中に思いどおりにいくこと、思いどおりになることなど、滅多にないのです。それにもかかわらず、思いどおりにしようとするから、やっかいなことになるのです。

仏教でいう「苦」がまさにそれです。思いどおりにならないことを、思いどおりにしようとするところに、悩み、苦しみが生まれる。それがお釈迦《しゃか》様の教えです。

さらに、お釈迦様はこうおっしゃっています。

「汝らよ、この世は苦に満ちている」

いい方を換えれば、この世は思いどおりにならないことばかりだ、ということでしょう。しかし、思いどおりにならないからといって、絶望におおわれるということもありません。「どうにかなる」のです。

意中の相手がちっともこちらを向いてくれなくても、世界が終わるわけでもありませんし、命をとられることもないのです（みずから命を絶《た》つことがないとはいいませんが……）。そして、いつか、そのとき以上に情熱を燃やせる相手との出会いもあります。どうにかなっていく。

いま、この本を読んだのをきっかけに、心の力を抜きませんか？　思いどおりにならなかったら、それをサラリと受け容れ、「どうにかなるさ」と気持ちを切り替えるのです。そして、どうにかなった現実のなかで精いっぱい生きていったらいい。

こんな禅語があります。

「柔軟心《にゅうなんしん》」

やわらかく、しなやかで、自由な心のことです。それは、力が抜けた心といってもいいですし、本当の意味での図太い心もそういうものだ、とわたしは思っています。窮屈な心はどんどんやわらかさ、しなやかさを失って、堅くこり固まってしまいます。それでは身動きがとれなくなる。

心を解きほぐすのはほかの誰でもない、みなさん自身です。そのためのキーワードが「どうにかなるさ」です。日本は古来、「言霊《ことだま》の幸《さきわ》ふ国」といわれています。その意味は、言葉には言霊、すなわち、霊力があって、その霊力によって幸せがもたらされる国ということです。

思いどおりにならなくて、悶々とすることがあったら、「どうにかなるさ」と声に出していってみましょう。誰にだってできる、とっておきの〝呪文〟です。そして、心にやわらかさ、しなやかさを甦らせてください。

「柔軟心」でこり固まった心の力を抜く

第二章

図太い人は、人間関係にも強い

「先読み」しないことが、人づきあいを円滑にする

将棋のプロ棋士は対局の際、何手先まで読んでいるかご存知ですか？　もちろん、個人差はあると思いますが、永世名人をはじめ、六つの永世称号を持つ羽生善治《はぶよしはる》さんは「ひとつの変化だけなら一〇手から一五手。ただし、枝分かれするので一〇〇手、一〇〇〇手の単位」と語っています。すさまじい〝先読み力〟というしかありません。

同じように、人と接するときにも先を読むことは必要です。たとえば、仕事の交渉などでは、「こちらがこう提案したら、先方はどんな反応をするだろう？　こんな反応だったらこういくか。こっちの方向できたら、こうだな……」というふうに

先読みをして臨むわけです。真面目な人ほどきっちりと先、先、先を読んで、それぞれについての対応を考えるということになるのではないでしょうか。

しかし、これには弱点があります。読みがちがった場合、当然、想定した筋書きとはちがった流れになるわけですが、そのときに対応に窮してしまうのです。

「えっ、そんな対応は考えていなかった。まさか、そうくるなんて、まいったなぁ。どうしよう、どうしよう……」

真面目に、几帳面に、あまりに先まで読んだことが、かえって仇になるのです。「こんなはずではなかった」という状況ですから、気持ちは焦るでしょうし、その後の対応もしどろもどろになりかねません。交渉の主導権はまちがいなく相手に奪われます。

いくら先まで読んでも、その通りにいくことは希です。まずないといってもいいかもしれません。ですから、先を読むにしても、〝きっちり〟ではなく、〝ゆるく〟〝ざっくり〟がいいのです。

提案ということでいうなら、先方からどんな疑問点が出ても、それに答えられるような準備だけはしておく。そのうえで流れはその場の空気にまかせるのです。そうすることで対応の幅が広がります。

空気にまかせるとは、相手の表情や口ぶりからその思いを汲みとり、気持ちを感じて、自在に対応していくということです。あらかじめ流れを決めてしまっていると、これができません。

「準備は整った。あとは出たとこ勝負だ！」

そう、そのくらいの図太いスタンスでいいのです。

プライベートでも同じことがいえます。デートのときなど生真面目に、どこで待ち合わせをして、このレストランで食事、あのバーで飲んで……といった具合にきっちりしたプランを立てる人がいるでしょう。なかには会話の内容まで〝先読み〟する人もいるかもしれませんね。

しかし、まず、その通りにはなりません。イタリアンレストランで食事と決めていたのに、相手からいきなり、「今日は和食がいいな。おいしいお刺身が食べたい！」といわれることだっておおいに考えられます。生真面目なきっちり派は、ここであえなく頓挫《とんざ》です。一方、和洋中取り混ぜて、ざっくりと食事処を頭に入れておいたら、即座に対応できます。

「雲《くも》無《む》心《しん》」

この禅語は、とらわれのない自由な姿であることの大切さをいったものです。空に浮かぶ雲は、風にまかせきって、かたちを変え、さまざまな方向に流れていきます。かたちにも、流れる方向にもこだわりがなく、とらわれることがありません。しかし、本質を失うことはけっしてありません。そこに真の自由な姿があるのです。

仕事でもプライベートでも、人づきあいは生きものですから、いくらきっちり読んだつもりでも、読みどおりにはならないのです。ゆるく、ざっくり、とらわれない自由な心で臨みましょう。

堪所だけ押さえたら、あとは自由に

自分の無意識な「我」をへし折る方法

人は誰でも自我というものを持っています。その確立をめざすことの必要性が盛んにいわれるようになったのは戦後、米国流の自由と民主主義が日本に持ち込まれてからでしょう。

それから七〇年余が経って、いまは自我を表に出す人、強く自己主張をする人が増えているように思われます。総じて「自分が、自分が」ということになっている。

「しっかり自己主張をできることは仕事においても、私生活においても大事なことではないか。そういう人こそ〝図太い人〟では？」

確かに、そうした意見が大勢を占めるのでしょう。会社でも自己主張をする人は周囲から一目置かれる存在なのかもしれません。しかし、禅はまったく逆の考え方をするのです。

「諸法無我《しょほうむが》」

これは仏教の根本原理をあらわす言葉です。その意味は、この世に確かな「我」などというものはない。あらゆるものはかかわり合いのなかで存在しているのだ、ということです。

日常に引き寄せていえば「人は誰もが一人で生きているのではない。ほかの人たちとのかかわりのなかで生かしていただいている。もっといえば、人はすべてとのかかわりのなかに生かされているのだ」ということですね。そのことに気づき、できるかぎり「我」を削《そ》ぎ落としていくのが、禅の修行といってもいいでしょう。

自我を前面に出して、いつも自己主張をする人は、一見芯の強い図太い人のように見えます。周囲を束ね、引っ張っていくリーダーシップがあるという見方もされる。しかし、そうではない、とわたしは思っています。

自分の意見や見解にこだわる人は、他人を認めることができません。議論やディベートをしても、他人をいい負かし、自分の正しさをいい募り、あくまで持論に固執するわけです。

しかし、絶対的な正論などありませんから、誤りを指摘されることもある。すると、このタイプは滅法弱いのです。鼻っ柱をへし折られたとたん、シュンと萎《しお》れてしまうのです。心の脆《もろ》さが露《あら》わになるといってもいいでしょう。

一方、人とのかかわりのなかで生きていることを知っている人は、他人を認め、他人の意見にも耳を傾けます。自分の考えを持ってはいても、いたずらにそれにこだわることがなく、周囲のいい考え方や見方は取り入れ、調和のなかで着地点を探っていけるのです。心はしなやかで、本当の意味で「図太い」のです。

わたしはよく例に引くのですが、両者のちがいは、堅い木と竹のちがいに似ています。堅い木は風が吹くとそれに抗して真っすぐに立ち続けようとします。しかし、風がもっともっと強くなれば、耐えきれずにポキリと折れてしまう。

これに対して竹は風に逆らうことなく、幹をしならせます。そうすることによって強風にも耐えきり、風がやめば、しなやかにもとの姿に戻るのです。

さて、みなさんはどちらに心惹かれるでしょうか。　脆さとしなやかさ、どちらの心を持って生きていきたいですか？

「心が脆いっていわれたって、これまで自我を通す生き方をしてきたからなぁ。いまさら変えられないんじゃない？」

いいえ、いつからでも心は転じられ（変えられ）ます。禅は行動ですから、早速、他人を認めること、他人の話を聞くことから始めたらどうでしょう。踏み出した一歩は次の一歩に必ず繋がります。そして、歩を進めるごとに次第に加速がついていくのです。

それは、心に張りついた自我を一枚一枚剥《は》がしていく作業。かかわりのなかで生かされているという真理に、目が開かれていく工程です。

自我の強さは心の脆さ
ひとつ剥がせば、ひとつしなやかになる

自分にも他人にも「完璧」を求めない

自分に甘く、他人に厳しい。思いあたる方も多いかもしれません。仕事の場面でも、自分が得手《えて》とすることを他人が同じようにできないと、「いったいいつまでかかっているんだ。自分なら三〇分もあればやってのけるのに、もう一時間以上経っているじゃないか」と苛立ったりする。そのくせ自分が不得手な分野のことは、少しくらい時間がかかったってしょうがないじゃないか、と〝大目〟に見たりしているのです。人は身勝手なものです。

誰にでも得手不得手がある。「完璧」な人間などいないのです。きわめて当然のことで、わかっているつもりなのですが、ときとしてそれを忘れ、他人に多くを求めたりするから、心が騒ぐことにもなるのです。

とくに部下に仕事の指示をする立場にある人は、その部分に注意を払う必要があるのではないでしょうか。前提になるのは部下一人ひとりについて、得手不得手を把握しておくことです。

「A君の得意分野はここだな。ただし、こちらは不得手のようだ。それが得意ということになると、これはやはり、B君だな」

という塩梅《あんばい》です。それぞれの得手不得手を心得たうえで、仕事の指示を出せば、チームとしてうまく回転していきます。部下にとっても、わかってくれている上司、頼もしい上司と映るでしょう。

それができず、機械的に仕事を振り分けたりすると、不得手分野を振られた部下は、労多くして功少なし、ということになる。上司としては、やきもきしたり、腹立たしさを憶えたり、焦ったりもするわけでしょう。

そんな上司を部下がどう思うかは明らかです。

「うちの課長ったら、まったく、なに一人で苛ついているんだ。仕事をまかせたんなら、ドンとかまえていればいいじゃないか。器量が小さいというか、胆が細いというか、やってられないよ」

まあ、大概はそういうことになるわけです。もっとも、部下にもそのときどきに抱えている仕事がありますから、不得手分野を振らなければいけないケースもあるでしょう。しかし、不得手であることを織り込みずみで、仕事を指示していれば、ドンというかまえは揺るぎません。

「B君だから、ちょっと時間がかかっても仕方がないな。ここは、じっくり待つことにしよう」

と悠然としていられます。図太く、腹を据えて部下の仕事ぶりを見守ることができるのです。

完璧を求めるといえば、男女の関係はその最たるものかもしれません。たとえば、夫婦間でも、夫は妻にやさしさ、思いやり、こまやかな心遣い……を求め、妻は夫にたくましさ、包容力、経済力、知性……を求めたりします。もちろん、求めるのは自由ですが、自分が求めるものを何から何まで備えている人など、どこを探したっているはずがないのです。

求めすぎない。これは男女の関係、さらにいえば、人間関係をうまく運ぶ極意かもしれません。江戸時代の儒学者である貝原益軒《かいばらえきけん》は次の言葉を残しています。

「聖人をもってわが身を正すべし。聖人をもって人を正すべからず。凡人をもって人を許すべし。凡人をもってわが身を許すべからず」

自分に厳しく、他人には寛容であれ、ということでしょう。この言葉については、益軒が大切にしていた牡丹をうっかり折ってしまった若者を、

「牡丹を植えたのは楽しむためで、怒るためではない」

といって許したというエピソードも伝わっています。器量を広げるために、腹を太くするうえで、傾聴に値する〝人生訓〟だと思います。他人に寛容であることの根っこにあるのは、求めすぎないことです。

求めすぎなければ
腹を据えていられる

図太さと集中力の関係

何をするのでも、いちばん大事なのは「集中する」ということでしょう。しかし、これが苦手な人がいます。というより、多くの人が集中するのに四苦八苦している、というのが実情かもしれません。何かに取り組んでいても、別のいろいろなことが気になって仕方がないのです。

たとえば、企画書をまとめているときにも、翌日の会議のことがふっと頭を掠め、「うまく発言できるかな？」などとそちらに気をとられてしまうわけです。あるいは、仕事をしながら、その夜の飲み会のことを思ったり、逆に遊んでいるときに、仕事のことを考えたり、といったこともあるでしょう。心があちらこちらを〝余所《よそ》見《み》〟しているのですから、当然、集中力は削がれます。

「喫茶喫飯《きっさきっぱん》」

この禅語は、お茶を飲んでいるときは、飲むことだけに一所懸命になりなさい、ごはんをいただいているときには、ただ、そのことに心も身体も投じなさい、と教えています。一事が万事です。仕事をしているときは仕事に、遊びに興じているときは遊びに、集中する、徹しきることです。そのためのカギは主体性にあります。

仕事について、こんなふうに考えることはありませんか？

「あ～あ、また、こんな仕事を頼まれちゃった。つまらないなぁ。仕方がないからやるとするか」

そんなふうに仕事に取り組んでいるとき、心にあるのは「やらされている」という感覚です。主体的に「やっている」のとは明らかにちがいます。これでは心が定まらず、気もそぞろになって、その仕事に集中できないのは当然でしょう。

やらされている感があることは、「自分がやるべきことだ」という意識に欠け、仕事にかぎらず、なおざりになるのです。こんな禅語もあります。

「随処作主《ずいしょにしゅとなれば》　立処皆真《りっしょみなしんなり》」

どんなところにいても、どのようなことに対しても、自分が主体となって一所懸命にやれば、そこには本来の自分があらわれる、という意味です。本来の自分というのは、集中してことにあたっている自分、全力で生きている自分というふうに解釈していいでしょう。

やらされている感を持つのは、それがつまらない仕事、自分がやるまでもない仕事、といった思いがあるからではありませんか。しかし、仕事につまらないも、おもしろいもない。重要な仕事もたいしたことがない仕事もない、とわたしは思っています。

禅の修行にもいろいろあります。もっといえば、行住坐臥《ぎょうじゅうざが》の一切合切が修行なのです。ですから、どんなことに対しても同じ心で取り組まなければいけません。**坐禅は修行の中心的なものですから、懸命にやる一方で、布団をたたむこと、顔を洗うことは、適当にやってしまう、ということでは修行にならないのです。**すべてに主体的に取り組む必要があります。

仕事に話を戻しましょう。たとえば、資料のコピー取り。そんなものは誰がやったって同じじゃないか、と思っているかもしれません。それが主体的に取り組めない原因でもあるでしょう。しかし、「コピー取りひとつにも、この自分がそれをやったという証を込めよう」という心で向き合ったらどうでしょう。そこで工夫が生まれる。たとえば、それをホッチキスでとめるのとクリップでとめるのでは、どちらが使い勝手がいいかを考えるようになるかもしれません。

あるいは、めくりやすさを考えて、右利きの人と左利きの人で、とめる位置を左右に分けるというアイディアが生まれるかもしれない。そうしてできあがった資料のコピーは、誰がやったって同じものではないはずです。そこには自分が表現されています。主体として仕上げた仕事がそこにあります。

主体を忘れるから心がふわふわと落ち着かなくなるのです。随処に主となる。そのかまえでいたら、心はどっしり、しっかり、定まって、何にでも集中できます。

そのことに主体として向き合うと必ず集中できる

「一人の時間」を持って、自分を見つめ直す

人にはみなどこかしら「批評家」という面があるようです。たとえば、こんなことは日常茶飯事なのではないでしょうか。

「彼女、確かにおしゃれね。でも、ちょっと子どもっぽすぎない？　それなりの年なのだから、そこを考えないとね……」

鋭い観察眼をはたらかせて、同僚や友人のファッションをチェック、辛口コメントを寄せているわけです。批評の対象は外見にとどまりません。

「彼はどの上司にも可愛がられるけれど、あそこまで擦り寄って自分がつらくならないのかな。ああいう生き方ってどうなんだろう？」

などと人生そのものにも及びます。他人のことはよく見えているのです。その反面、案外、見えていないのが自分自身ではないでしょうか。

自分を見つめるための必須条件は、一人で静かな時間を持つことだ、とわたしは考えています。みなさんの日常生活を思い起こしてみてください。一人の時間はありますか？

現代人は忙しく一日を過ごしています。誰もが時間に追われる感覚を持っているのではないでしょうか。仕事やプライベートのつきあいをこなすだけで手いっぱい。一人静かに来し方行く末に思いを馳せる時間はないというのが、現代人の生活だといっていいかもしれません。

しかも、いまはＳＮＳを介して、始終誰かと繋がっている。はっきりいえば、繋がっていないと不安なのです。そこで、夜、自宅に戻ってからもスマートフォンを手放さず、送信やら返信やらに夢中になっているわけです。

しかし、ＳＮＳ仲間がどれほどたくさんいようと、そのなかに、たとえば、人生の悩みを相談できる相手は、いったい何人くらいいるでしょうか。これは想像するしかありませんが、二人、三人いればいいほう、一人も見当たらないということも、けっして少なくないのではないか、と思います。もちろん、群れることがあってもいいのです。しかし、ときにはそこから離れ、一人になる時間を持つことは、群れることよりはるかに人生にとって大きな意義がある、と思うのです。

「七《しち》走《そう》一《いち》坐《ざ》」

この禅語は、七回走ったら、一回は止まってじっとすわり、自分自身を見つめなさい、ということをいったものです。時間に追われ、走り続けている現代人に、警鐘を鳴らす言葉といってもいいでしょう。

止まって見つめ直してみなければ、自分がどんな走り方をしていたのか、どこに向かって走っているのかは、よく見えません。走るピッチの修正も、方向の確認もできないのです。その結果、自分を見失うことにもなる。ですから少し走ったら一度止まってみることです。一度止まると書いて「正」という字になります。止まって見直せば、みずからが来た道が正しかったかがわかるのです。

　群れているのはぬるま湯にひたっているようなものですから、そこから離れるのは胆力が要るかもしれません。ぜひ、その胆力を、図太さを持ってみてください。

「わたし、週に一日は自分一人でいる時間を持つことにするわ。その日はＬＩＮＥ

の返信もしないね」

そう宣言してしまえばいい。当初は仲間内の空気がおかしくなるかもしれません。「なんだ、つきあいが悪くなっちゃって！」といった声があがるかもしれない。しかし、大丈夫。そんな時期も長くは続きません。周囲がそのライフスタイルを認めるようになります。群れの〝結束〟とはその程度に寛容なのです。

「人間は孤独でいるかぎり、かれ自身であり得るのだ。だから孤独を愛さない人間は、自由を愛さない人間にほかならぬ。けだし孤独でいるときのみ人間は自由なのだから」

ドイツの哲学者、アルトゥル・ショーペンハウアーの言葉です。一人になって自由に思い切り自分を見つめ直しましょう。

孤独とは自由
自分を見つめ直すと図太くなれる

価値観のちがう人とのつきあい方

人は一人ひとり、自分なりのものの見方、考え方をしますし、価値観もちがいます。たとえば、生活の基盤になるお金についての価値観をみても、粋な江戸っ子よろしく「宵越しの銭は持たねぇ」と、あるだけパッと使ってしまうタイプもいれば、堅実をモットーとして、倹約、節約につとめる人もいるわけです。

価値観がちがう人とはつきあうのは難しいと感じているかもしれません。そう感じるのは相手の価値観に合わせようとしているからではありませんか？　考え方でも、ものの見方でも、本心では、「ちがうなぁ」と思っているのにもかかわらず、「そうね、そうね」とあいづちを打ってしまっている。

そんな自分が情けなくなって、めげることもあるでしょう。相手に合わせるのは、心のどこかに「いい人」に見られたい、「話がわかる人」と思われたいという気持ちがあるからではないでしょうか。

傷つくのが怖いから自分の気持ちを抑えて、思いを殺して、相手と接しているわけですが、それでは苦しくもなりますし、惨めにもなります。

相手がこちらを大好きになってくれたとしても、それは本来の自分にではなく、相手に合わせている虚像に、好意を寄せてくれているということです。どんなに親密に見えても、それが人と人との本当の繋がりだといえるでしょうか。

こんな短い禅語があります。

「露《ろ》」

どこにも包み隠すところがなく、すべてが露《あらわ》になっている、という意味です。一般的な言葉でいえば、「ありのままの自分」「素の自分」ということですね。もちろん、人間関係は重層的で、また、複雑ですから、文字どおりの露でいることはできませんが、そこから離れすぎないこと、露の自分を置き忘れないでいることは、大切なことだという気がするのです。

ものの見方、考え方、価値観のちがいは、図太く、率直に相手に伝えたらどうでしょう。ただし、伝え方には工夫が必要です。

「それはちがうと思う。こう考えるべきじゃない？」

「いや、いや、そうじゃないでしょう。それはちょっとおかしくない？」

こう真っ向から反論したのでは、相手の神経を逆《さか》なですることにしかなりません し、相手にこちらの見方、考え方、価値観を押しつけることにもなります。まず、相手に理解を示すというワンステップを踏むことが大事です。

「確かにそういう考え方もあるわね。でも、わたしはちょっとちがってこんなふうに考えるのだけれど……」

人は自分が理解されたらうれしいですし、理解してくれた人に反感や敵意を持つことはありません。そして、相手のことも理解しようという気持ちになるのです。そこに、おたがいにちがいを認めながら、理解し合える関係が生まれます。ありのままを置き忘れないで、結びついている関係です。

こうした関係であれば、風通しはずっとよくなりますし、惨めになったり、苦しくなったりすることもありません。クヨクヨと悩みがちだった人間関係も、楽しめるものに変わるのです。

詩人の金子みすゞさんの『私と小鳥と鈴と』（ＪＵＬＡ出版局）と題した作品にこんな一節があります。

「みんなちがって、みんないい」

素敵な人間関係の土台になる、広くて豊かな心を感じさせる言葉です。さあ、ちがっている自分を伝えることから、そこに向けて歩き出しましょう。

人に合わせるのではなく
ちがった自分を伝える図太さを

長所を掘り起こすと、個性的に生きられる

長所と短所ということについては、前章でお話ししました。みなさんのなかには「個性的でありたい」「個性派として生きたい」と願っている人もいると思います。しかし、どうしたらそれが実現できるのかが、いまひとつよくわからないという人も多いのではないでしょうか。

手がかりは長所にあります。長所を伸ばし、磨き上げていく。それが個性的な人になる早道です。こんな話を聞いたことがあります。

ホテルオークラといえば、日本を代表する名門ホテルですが、かつてそこでドアマンをつとめていた人は、常連の利用客の顔と名前をすっかり頭に入れていたそう

です。そして、ドアを開ける際に、

「○○様、いつもご利用ありがとうございます」

「△△様、しばらくお見えになりませんでしたが、お元気でいらっしゃいましたか？」

　とひと声かけていたのです。声をかけられた利用客の気持ちは容易に想像ができるところでしょう。ホテルの一利用者である自分の名前を憶えていてくれた。それは心地よさをもたらしてくれるでしょうし、感動も運んでくれるにちがいありません。ホテルに一歩足を踏み入れるときから、極上のおもてなしで迎えられた気分になったはずです。

　彼はホテル業界でも有名な名物ドアマンとして、誰もが知る存在になりました。名前と顔を憶えられるという長所を磨き上げたことで、他の追随を許さない〝個性派〟になったわけです。

　人と接するのが得意だったら、そこを徹底的に磨いたらどうでしょう。どんなふるまいが相手を気持ちよくさせるか、どういうもののいい方をすれば、相手に思いが伝わるか、相手の話をどう聞いたら、相手は話しやすいか……。磨くべきポイン

トはたくさんありそうです。そして、周囲から、

「彼女と話していると、なぜか心が和むんだよなぁ。あんな人、ちょっといないね」

といった声があがったら、それは個性が輝いていることにほかならない。そう思いませんか？

ただし、なかにはこんな人がいるかもしれません。

「自分の長所がどこにあるのかよくわからない。それ以前に、自分に長所なんかあるのだろうか？」

自分の長所が見つけられないという人もいるでしょう。もし、そうであれば、自分が子どもの頃に好きだったこと、夢中になっていたことを思い出してみることです。

「そういえば、小さい頃は絵ばかり描いていたなぁ」

そんな人は絵を描くことが好きなのです。好きなことは得意なはずですし、伸びしろも十分ある。ですから、そこを磨く。それは、年賀状や時候の挨拶、礼状やお知らせを「絵手紙」にして送るということに繋がるかもしれません。

受けとった側にとって、いつも絵手紙をくれる「あの人」は、素敵な個性の持ち

主に映ることはまちがいのないところです。それも、監督の気分になって選手の動かし方ば「いつもサッカーばかり観ていた。それも、監督の気分になって選手の動かし方ばかり考えていたな」

そんな子ども時代を過ごしたなら、「人を動かす」ことに興味があるかもしれませんし、そこにこそ長所が見いだせそうです。人を動かすための勉強をしていけば、チームリーダーとして独特の個性を発揮できるようにもなる。

長所を自覚すれば、本物の自信が持てるようになります。それが「図太い自分」を育てることにも繫がるのです。

長所を磨くと自信が湧いてくる

悩みを楽しむ方法は「知足」にあり

悩みを抱えているとき、人は「なぜ、自分だけが！」という思いにとらわれがちです。たとえば、こんなふうに……。

「どうしてこう、自分は小さなことで悩んでしまうんだろう。それに引き替え、あいつはいつもあっけらかんとしていて、悩みなんかないみたいじゃないか。あんな図太い神経が欲しいよ」

この世に悩みがない人などいません。悩むということは生きている証なのです。あっけらかんとしているように見えても、その人は、もっと、もっと多くの深い悩みを抱えているかもしれないのです。

ちがいがあるとすれば、悩みとのつきあい方でしょう。キーワードになる禅語があります。

「知足《ちそく》」

文字どおり、「足る」を「知る」ということです。お釈迦様はこうおっしゃっています。

「知足の人は地上に臥すと雖《いえど》も、なお安楽なりとす」

足ることを知っている人は、たとえ地べたに寝るような生活をしていても、心は安らかで幸せを感じることができる、という意味です。足ることを知るとは、どんな状況に置かれていても、それを「ありがたい」と受けとめることだといってもいいでしょう。

もちろん、困難な状況に置かれることはつらいことです。しかし、その困難は乗り越えるためにある、乗り越えることで自分がひとつ向上できるのだ、と考えたらどうでしょう。

それなら、困難に振りまわされて悩むのではなく、困難は試練であり、自分が向上するためのチャンスだと受けとめられないでしょうか。チャンスをいただいたことは、ありがたいことではありませんか。そして、チャンスを活かすことは楽しいことではないですか。

悩みなどどこ吹く風という体で、あっけらかんとしている人は、きっとそういう受けとめ方をしているのです。人生には山もあれば谷もあります。いつも山の頂上に居続けられる人生などありません。

かりにそんな人生があったとして、そこに喜びや感動があるでしょうか。いつも見る景色が山頂からの絶景だったら、「なぁんだ、また、おんなじか」ということになって、そのすばらしさを実感できなくなると思うのです。

深い谷から自分の足で必死に登っていく。少し登るごとにそこから見える景色は変わっていきます。三合目には三合目の、五合目には五合目の美しい景観が広がっているのです。

それを感じながら登り詰め、頂上からの絶景を臨む。そうであってはじめて、そのすばらしさに喜びを感じることもできるし、感動が胸にあふれてもくるのではないでしょうか。

人生の折々で自分が置かれる状況は、たとえ、どんなに困難なものであっても、それを避けて通ることはできない、そこから逃れることはできないのです。悩みの袋小路に入り込んで、恨み言をいっている場合ではありません。

「けっこう、やっかいな〝チャンス〟をいただいちゃったな。でも、ありがたい。こいつを乗り越えたら、どんな自分に出会えるか、楽しみだ」

そう、ただちに登攀《とうはん》態勢を整えるのです。あとは一所懸命に苦しさも楽しみながら、登っていくだけです。

図太い人は悩みさえ「ありがたい」と思う

自分の大切な時間を、他人に振りまわされない

みなさんの周囲にこんな〝人気者〟はいませんか？

「彼（彼女）は本当にいいやつだよ。いつ声をかけても必ず顔を出してくれる」飲み会でも何かの集まりでも、「誘えば応じる」というタイプが確かにいます。そのつきあいのよさ、腰の軽さが人気の理由でもあるわけですが、本人の胸の内を想像すると、断ったら申し訳ない、応えないと嫌われるんじゃないか、といった恐れが必ずあると思うのです。

自分にも思いあたるフシがあるという人も少なくないはず。自分の意にそわないのにもかかわらず断ることができないのは、他人を思うやさしさとも、人のよさと

も、気の弱さともとれるのですが、そのために費やしている時間は、他人に奪われている時間ともいえるのです。

しかも、周囲がいう〝いいやつ〟というのも怪しいものです。少し厳しいいい方になるかもしれませんが、それは人間的に魅力があるということではなく、周囲の人間にとって都合のいい存在、有り体にいってしまえば、便利に使える人間ということなのではないでしょうか。

いうまでもありませんが、時間は限りあるものです。他人のために自分の時間を削るのではなく、自分が「主人公」となって使う。それが時間の使い方の王道でしょう。ちなみに、主人公というのは禅語です。

自分が主体となって、やわらかくいえば、自分らしいやり方で、というのがその意味です。時間については、趙州従諗《じょうしゅうじゅうしん》禅師の次の言葉があります。

「汝は一二時に使われ、老僧は一二時を使い得たり」

ある僧が趙州禅師のもとを訪ね、こう聞きます。

「刻々と過ぎていく一日二四時間という時間を、いったいどのような心がまえで過ごしたらよいのでしょうか?」

それに対する趙州禅師の答えが、いまあげた言葉です。おまえさんたちは時間というものに使われているが、このわしは逆に時間を使い切っておる、ということですが、これがまさしく主人公として時間と向き合うということでしょう。時間に振りまわされることも、時間に追われることもなく、時間のなかで常に生きている実感を得ている姿というういい方もできるのではないでしょうか。

「自分も時間を使い切っている。ほら、このスケジュール見てよ。びっしり埋まっているだろう」

そんな人もいることでしょう。手帳やスマホのカレンダーに予定が隙間なく書き込まれている。しかし、その中身はわいわいがやがやと仲間が集うものばかり。これでは、冒頭の〝人気者〟となんら変わるところはありません。

もちろん、わいわいがやがやが悪いということではありませんが、時間の使い方のメリハリは大事です。自分の人生ということを視野に入れて、いまできること、やるべきことを考えてみる。

そして、そのことのために時間を使うことを優先する。〝人気者〟の称号も、〝便利屋〟の看板も、さほど自分のためにはなりません。自分のために、もっと〝わがまま〟になってもいいではありませんか。

何をするかは人それぞれ。将来の独立に備えて、資格をとったり、必要な勉強をしたりするというのもいいでしょうし、人としての器を広げるために書物をひもといたり、絵画や音楽などすぐれた芸術に触れるのもいいでしょう。あるいは、日本人として誇りをもって生きるために、その歴史や伝統を学び直してみるというのもいいと思います。

そのように、自分が主人公となって使い切る時間が、自分らしい人生を実現するための推進力になることはいうまでもありません。

時間に使われるのではなく「主人公」となって時間を使い切る

お金や肩書きから離れると腹を割って話せる

「肝胆相照《かんたんあいて》らす仲」という言葉がありますが、本当に腹を割って話せる友人、心が通い合っていると感じる友人のことを思ってみてください。その人といつ頃出会って、親しくなったのかは、人それぞれだと思いますが、その関係にはひとつ、確かなことがあるはずです。

その確かなこととは利害関係がいっさいないということです。

「こいつとつきあったら、いいことがあるぞ」

「あいつと仲よくなると、なんでも奢《おご》ってもらえる」

そんな気持ちは微塵もなく、ただ、相手が好きだからとか、気が合うからということだけで結びつく。それが本来の友人関係というものでしょう。

でも、そうした関係は、社会に出ると築きにくい面があるのではないでしょうか。多くは仕事を通して出会うことになりますし、少なからず相手との間には利害関係が存在します。そこで、

「あの若さで部長か。これはつきあっておくと、のちのち仕事で役に立つな」

「資産家の一人娘なんだ。仲よくしたらいい思いができそう」

「著名人だけあって凄い人脈。なんとか気に入られなくては……」

というふうに、相手と関係を築く際に、自分にとって利益になるか、ならないか、という要素が入り込んでくるのです。有り体にいってしまえば、利益になる、得をすると思えば近づく、利益にならない、損をすると判断すれば、離れるということにもなるわけです。

これでは友人にはなれません。仕事の縁が切れたら、関係も自然消滅する。仕事の切れ目が縁の切れ目となるのです。

もちろん、社会人になってからのつきあいが、友人関係にまで深まるケースもあります。たとえば、趣味やスポーツを通して知り合った相手がそれ。いわゆる「同

好の士」という間柄ですが、そこには地位も、名誉も、肩書きも、また、資産があるかどうかということも、入り込んできませんから、心と心で結びつく。心底、仲よくなれるのです。親友と呼べる間柄になってから、地位や肩書きを知り、

「へぇ～、おまえってそんなに偉かったんだ！」

ということだってあるわけです。

「仕事関係で出会った人のなかにも、人間的な魅力にあふれている人がいる。そんな人とは仕事抜きでつきあいたいと思うが、相手の肩書きが凄かったりすると、それだけで引いてしまう」

確かに、そうしたこともあるでしょう。きっかけは仕事を通してであっても、生涯の師としたい人との出会いもある。そんな相手とつきあいを深めるためには、図太さが必要です。

その人が築いた地位や得た肩書きは、けっして天から降ってきたものではありません。不断の努力を重ね、いくつもの苦労を乗り越えてきた結果、その人の現在があるのです。そこに切り込むのです。

「お時間があるときに、社長のこれまで歩まれてきた道について、お話を伺いたい

と思っています。勉強させてください」

機会を見つけてそんなお願いをしてみる。度胸がいることですが、大丈夫。その図太さは相手にとっても歓迎すべきものなのです。仕事目的で擦り寄ってくる人間は掃いて捨てるほどいるでしょうが、人間性に肉迫してくる人間は滅多にいないはずです。相手が受け容れてくれる可能性はおおいにある、といっていいでしょう。

実際、親子くらい、あるいは、祖父と孫ほど年が離れているのにもかかわらず、親友のような関係になっているケースはあります。

その出発点は、相手の現在のポジション（地位、肩書き……）ではなく、そこにいたるまでのプロセス（道のり、苦労、経験……）に目を向けることです。そうすれば、相手に臆せず、図太さを発揮できます。

〝大物〟と親しくなるには ポジションではなく、プロセスに目を向ける

第三章

図太い人は、気持ちの切り替えがうまい

落ち込んだときは、まず掃除をする

何か気持ちが塞ぐことや落ち込むことがあると、なかなかそこから立ち直れないという人がいます。仕事でミスをした、人間関係がうまくいかない、言葉で他人を傷つけてしまった……といったとき、そのことが心にわだかまってしまい、気持ちの切り替えができないのです。

もちろん、誰にでも落ち込むことはあります。しかし、気持ちの切り替えがうまい人は、落ち込んでいても何も始まらないことがわかっているのです。それが気持ちを切り替える原動力になっている。

「ミスをしたのはまずかった。二度と同じミスを繰り返さないために、ここは原因をきちんと明らかにしておくことが大切だな」

ミスを悔やんだり、悩んだりしている時間を、すぐにミスの原因解明にあてる。その前向きな姿勢によって、気持ちは切り替わるのです。

人間関係がうまくいかないのであれば、それを改善するための方策を少しでも考えればいいですし、人を傷つけたのであれば、なぜそういうことになったのかをしっかり見直してみればいいのです。

「そうか、自分のほうから相手を避けていたところがあったんだ。これからは、こちらから声をかけるようにしてみよう」

「思ったことをすぐ口に出してしまうから、傷つけることになったりするんだな。もっと、言葉を選ぶようにしなくちゃ」

そう考えているとき、すでに気持ちは切り替わっています。周囲から立ち直りが早い、図太いと見られている人は、落ち込んだ際にこうした対処ができる人なのです。それは習慣といってもいい、とわたしは思っています。

「はじめは人が習慣をつくり、それから習慣が人をつくる」

これはイギリスの詩人であり、文芸評論家、劇作家でもあったジョン・ドライデンの言葉です。まずは、つとめて、いまお話ししたような対処をしてみることです。するとと、それがいつのまにか習慣となり、立ち直りが早い人、図太い人に変わっていけるはずです。

しかし、習慣は急には変わらない、とおっしゃる方もいるでしょう。そんなときは、身体を動かしてみてください。

禅の考え方からいえば、落ち込んだときにすすめたいのが身体を動かすことです。なかでも「掃除」がいちばん。一所懸命に身体を動かしていると余計なことを考えずにすみます。

しかも、掃除をすればその空間が綺麗になる。みなさんにも経験があると思いますが、綺麗に片づいた空間にいると、気持ちが清々しく、晴れやかになるでしょう。塞いだ気持ちも、落ち込んだ気分も、文字どおり、一掃されるのです。

禅にはこんな言葉があります。

「一掃除《いちそうじ》　二信心《にしんじん》」

信心は仏教を志す者にとって不可欠なもの、もっとも基本となるものですが、禅ではその上位に掃除を置いているのです。それは、掃除は単に塵や埃を払ったり、その場を磨いたりするものではなく、自分の心についた塵や埃を払い、心を磨くものだと考えるからです。

掃除をすることの意味は、みなさんが思っているより、はるかに深いのです。

落ち込んだらとにかく掃除をする。それが、気持ちを切り替えるためのいちばん手っ取り早い方法かもしれません。

この禅的アプローチと、先の対処の習慣化。それで落ち込み対策は万全です。

一所懸命に身体を動かすと余計なことを考えなくなる

嫌なことは、翌日まで引きずらない

人は日々、さまざまな経験と出会います。楽しく、心弾むものもあれば、なかにはつらいもの、嫌な思いが残るものもあるでしょう。いつまでも心に引っかかってしまうのは、おそらく後者です。

仕事の得意先の対応を理不尽と感じた。友人の言葉に傷ついた。恋人と喧嘩をしてしまった……。いろんな場面、状況での嫌なことが心で渦巻き、悶々としたり、クヨクヨしたりするのです。その結果、眠れない一夜を過ごすことになったりすることもあるでしょう。

しかし、クヨクヨと考えたからといって、その嫌なことが帳消しになるでしょうか。もちろん、そんなことはありませんね。それどころか、考えることでかえってそのことにとらわれ、そこから前に進めなくなります。心が前向きになれないのです。

とんちで有名な一休さん（一休宗純禅師）にこんな逸話が残っています。

あるとき、一休さんが弟子を連れて町に出かけます。二人が鰻を焼いている店の前を通りかかると、通りにまでたれの焦げる香ばしいにおいが漂ってきます。一休さんは思わず、「う～ん、旨そうじゃな」と呟きます。

寺に帰り着いてから、弟子が一休さんに尋ねます。「お師匠さま、先ほど鰻のにおいが漂ってきたとき、〝旨そうじゃ〟とおっしゃいましたが、仏の道を歩く者がそんなことでよいのでしょうか？　不謹慎ではありませんか？」。すると、一休さんはこともなげにこういったのです。

「なんだ、おまえはまだ鰻にとらわれておるのか。わしは、旨そうじゃという思いなど、鰻屋の前に置いてきたわ」

鰻のにおいを嗅いで、その瞬間、「旨そうだ」と思うのは自然なことです。しかし、その思いをいつまでも引きずっていては、そのことにとらわれ、「食べられなくて残念だった」「食べたかったなぁ」と心が落ち着かないのです。

思いをその場、その場に置いてくれれば、心は安らかでいられる。一休さんがいわんとしたのは、そういうことでしょう。

この逸話がヒントになりそうな気がしませんか？　その瞬間、「嫌だ」と感じるのは自然なことですし、それはそれでいいのです。**大切なのはその思いをその場に置いてくること、その場で断ち切ってしまうことです。**

思いを断ち切ったら、心が前向きになって、前に進むことができます。たとえば、理不尽な対応についてだって、こんなふうに考えることができる。

「仕事関係者に対して、自分は絶対ああいう対応はしないように心がけよう」

これなら、嫌なことを自分の戒めとすることで、人間としての成長がはかれるのではないでしょうか。

友人の言葉に傷ついたのであれば、率直にそのことを相手に伝えよう、という方向に心が向くはずです。そうすることで、友人との絆が強くなる、友情がいっそう深まる、ということはおおいにあると思うのです。

恋人との喧嘩だって、「嫌だ、嫌だ」というところにとどまっているのではなく、その原因を突きとめ、かりに自分に非があれば、次の日に「ごめんなさい」のひとことを告げることで、もっといい関係になっていくきっかけに、あるいは、ステップにもすることができるのです。

「それはわかるけれど、自分は〝引きずる〟タイプだからなぁ」

そんな人もいるでしょう。そうであるなら、「いま」できることに集中するというふうに考えたらどうでしょう。クヨクヨ引きずっていることのほかに、まず、いまできることはないでしょうか。

今日の嫌な経験を明日に活かすために、いまできることは必ずあります。それを考え、かつ、実践していく。心をそちらに振り向けたら、クヨクヨしている暇なんかありません。

嫌な思いは、その場に置いてくる

損得勘定にこだわると心が窮屈になる

何かをしようとするとき、人はどこかで損得勘定をはたらかせているものです。仕事にしても、その仕事をするのが得なのか損なのかを考えますし、人づきあいでも、その人とつきあったら得か損かが、必ず、頭の隅にあります。

損得など度外視するのが〝立派〟であることはわかっていても、これは人間の業のようなものですから、どうにもならないのです。しかし、それを超えていくことはできます。

たとえば、同僚と自分に上司から仕事が振り分けられたとします。同僚の仕事の内容は、確実に成果があがりそうだし、評価も得られそうなもの。それに対して自分に与えられた仕事は、どちらかといえば裏方的で、評価の対象にはなりそうにないものだったら、こう考えるかもしれません。

「なんだかワリをくっちゃったな。仕事が逆だったらよかったのに……」

そこには同僚の仕事は得、自分の仕事は損、という勘定がはたらいているわけです。問題はそこからです。得をした同僚を羨み、損をした自分を嘆く、といったふうに損得にこだわり続けていたら、どんな仕事ぶりになるかは明らかです。

損だと思っている仕事に熱が入るわけもありませんから、ちゃらんぽらんとまではいいませんが、いわゆる、やっつけ仕事になるでしょう。また、同僚に対して敗北感を持ったり、自分が卑屈になったりするかもしれない。

しかし、**損に思えようが、その仕事が自分にまわってきたのは「縁」なのです。**禅ではその縁を何よりも大切にします。いただいた縁は活かしきる。それが禅の考え方です。

仕事でいえば、縁を活かしきるとは、その仕事にあらんかぎりの力を尽くすということでしょう。そうすれば、損も得もなくなります。損得を超えられるといってもいいでしょう。

損だということが頭にあるから、仕事がつまらなく思えたり、おもしろくないと感じたりするのです。幕末に活躍した長州藩士で、奇兵隊を組織した高杉晋作が残したこんな歌があります。

「おもしろき　こともなき世を　おもしろく　すみなすものは　心なりけり」

これについては、前半を高杉が詠み、「すみなすものは　心なりけり」という後半部分は、病床にあった高杉の看病にあたっていた女流歌人、野村望東尼《もとに》が詠んだとされています。

その意味は、おもしろいことが何ひとつない世の中だって、心の在り様（持ち方）ひとつでおもしろく生きていくことができるということですね。

仕事につまらないも、おもしろいもないのです。つまらなくしているのも自分、おもしろくするのも自分の心なのです。

いただいた縁を活かしきる。そのことだけを考えませんか？　力を尽くしていれば、その仕事に楽しさも、おもしろさも、見いだせないわけがありません。周囲にも楽しそうに仕事をしている人、おもしろそうに仕事をしている人がいるのではないでしょうか。

それは、やっているのが楽しい仕事、おもしろい仕事だからではありません。その人が精いっぱい力を尽くしているから、そう見えるのです。

人づきあいも同じです。縁をいただいて出会ったその人に、誠意を尽くしていく。そこに心の交流が生まれ、素敵な関係が築かれるのです。損得勘定がはたらいた関係とはまるで別次元の繋がりといえるでしょう。

損得にこだわると、心は窮屈になります。ですから、同僚の仕事ぶりがいちいち気になったり、その評価に気をもんだりするようになるのです。しかし、損得を超えたら、心は伸びやかに、しなやかになります。仕事でも人づきあいでも、おおらかにできるようになるのです。

ぜひ、縁を活かしきってください。

縁を活かしきれば損得勘定を超えられる

自分の不遇を「人のせい」にしない

人は逆境にあったり、つらい立場に置かれているとき、その原因を外に求めがちです。たとえば、日のあたらない仕事ばかりをさせられていると感じている人は、「課長は自分のことを目の敵《かたき》にしているんじゃないか。自分にこんな仕事しかこないのは、あの課長のせいだ！」

ということになったりする。その典型が、自分の不幸せを「世の中のせい」と考えることでしょう。しかし、それではあまりに不甲斐なさすぎます。逆境も、つらい立場も、それを変えていけるのは自分しかいないのです。

人のせいにして怨んでみても、何ひとつ変わりません。だいいち、自分が置かれている環境が、すべて自分にとって好条件ぞろいということがあると思いますか？あるはずがないのです。

プラスの条件、状況もあれば、マイナスのそれもある。そのマイナスをどうプラスに転じていくか。それがまさしく禅の発想です。

わたしも「禅の庭」のデザインをクライアントに提案して、当初は好感触を得られないことがときにはあります。しかし、それを、「わかっていないクライアントのせいだ」とは考えません。どう考えるか。

「精密な完成模型をつくっていって、なんとかこちらの意図するところを理解してもらおう。よぉし、〝いいですね〟の言葉を引き出すまでやるぞ。作庭段階になったら〝すばらしい。これは凄いものができますね〟といってもらえるように、頑張ってもっていこう」

これが枡野流です。表現は穏当を欠くかもしれませんが、「こんちくしょう」「なにくそ」の気持ちが大事だと思います。それがマイナスをプラスに転じる推進力になります。

上司から与えられた〝こんな仕事〟も、その気持ちをバネにすれば、仕上がりはちがったものになるはずです。上司の予想を圧倒的に超えるすばらしい出来映えにすることだってできるのです。

「ここまでやったか。う~ん、まいったなぁ」

口に出さなくても、上司にそんな雰囲気が見てとれたら、「勝負あった」です。

それが、上司との関係を変えることに繋がっていくのはまちがいのないところでしょう。

「あいつなかなかやるじゃないか。今度、大きな仕事をまかせてみるか」

ということにもなる。評価は確実に上昇します。上司に対する恨み言にまみれてウジウジしているのとは天と地ほどのちがいです。人間関係にしても、

「彼女がわたしを理解してくれないからいけないのよ。関係がギクシャクしているのは彼女のせいだわ」

と考えているうちは、関係はいっこうに改善しません。「なにくそ」の精神で、なんとか自分を理解してもらえるようにつとめることでしか、そのマイナスの状況は変わらないのです。

しかし、自分を理解してもらう努力をすることは、相手のご機嫌を取ることでは

ありませんし、相手におもねることでもありません。**しっかりとした自分を持って、マイナスをプラスに転じようとするはたらきかけです。**

その意味では、地に足のついたふるまい、腹が据わった行動、といっていいと思います。これはやわな心ではできない。なにくそ精神、強い心の支えが必要です。どんな状況にあっても、マイナスをプラスに転じる、という禅の発想を忘れないでください。そこから出発すれば、変えられない状況はありません。そして、その発想は図太さの源でもある。わたしはそう思っています。

マイナスをプラスに転じる禅の発想でどんな状況も変えられる

「でも……」は動かないことの言い訳

「下手の考え休むに似たり」という諺があります。もともとは囲碁や将棋でいわれたことで、実力がない（下手な）人間がいくら考えたところで、いい手など思いつくわけもないのだから、時間を無駄にしている（休んでいる）のと同じことだ、という意味です。

悩みについても同じことがいえそうです。いくら深刻に悩んでも、結局のところ、解決策にはたどり着かない。それどころか、悩みは雪だるま式にふくらんで、深まるばかりです。たとえば、職場の上司との折り合いがよくないと感じているとします。そこで悩む。

「課長は自分のことを嫌っているのではないか？」

いったん悩みはじめると、思いはそこで止まりません。悩みが悩みを呼ぶことになるのです。

「嫌いな人間にいい仕事なんか割り振ってくれるはずがない。ここにいたんじゃ、ずっと鳴かず飛ばずで終わってしまう」

「いや、突然、リストラをいいわたされるかもしれない。このご時世に仕事を失ったら、この先、どうやって生きていけば……」

という具合です。悩みは「生き死に」というところまでいってしまうわけです。

しかし、現実に起きているのは、上司との折り合いがよくないということだけです。しかも、それは「自分が感じている」ということであって、上司が実際にどんな思いを持っているかはわからないのです。

なすべきことは、具体的に動くことです。たとえば、話しやすい先輩や同僚に、自分が感じていることを打ち明けてみる。

「課長との関係がどうもうまくいっていない気がするんだけど、課長は自分のことを嫌いなんじゃないだろうか？」

岡目八目という言葉もあるように、真実は当事者より周囲の第三者のほうが見えやすいのです。上司と自分の関係がどう映っているのか、それを先輩や同僚に聞いてみるのは、おおいに意味があることです。

「君との関係が特別悪いようには見えないよ。ほかの人間と変わらない接し方だと思うけどなぁ。嫌われているなんて、思い過ごしじゃないか」

第三者からそんな答えが返ってきたら、おそらくそれが正しいのです。何かのきっかけで「嫌われているかもしれない」と思い込んでしまうと、それは確実にバイアスになります。何かにつけて、嫌われているという意識が入り込んでくるのです。よく残業を命じられるのは「嫌われている」から、提案した企画書に対する意見をなかなかくれないのは「嫌われている」から……といったことになる。

第三者の客観的な意見を聞くことで、そんなバイアスは外れます。

「でも、第三者の意見も〝嫌われているね〟というものだったら？　それを知るのは怖いし……」

もちろん、そういうこともあるでしょう。しかし、それが現実なら、受け容れるしかありませんし、そこから前に進むしかないのです。当の上司に時間をもらって、自分の仕事への向き合い方に問題があるのか、実際の仕事のやり方にまちがっているところがあるのか、などを聞いてみるのも前に進むひとつの方法です。

いずれにしても、動けば何らかの結果が得られます。そして、その結果に対して打つべき次の手は必ずあるのです。

精神科医で名エッセイストとしても知られる斎藤茂太さんは、こんなことをいっています。

「〝でも〟を自分に許していると、人生は少しずつあとずさりを始める。〝でも〟多発の結果は、〝やればよかった〟の後悔になっていくのではあるまいか」

「でも」は動かないことの言い訳です。それを封じませんか？　すると、まちがいなく動けるようになります。悩みから抜け出し、解決に向けて踏み出せるのです。

「でも」からは何も始まらない
図太く動けば解決が見えてくる

図太い人は「腹案」を用意する

仕事にはさまざまな交渉事がつきものです。もちろん、交渉に臨むときは戦略を立てるわけですが、どんなに綿密に戦略、戦術をめぐらせても、相手があることですから、必ずしも奏功するとはかぎりません。

「こんなはずではなかった」という状況はいつだって起こり得るのです。そこで、スゴスゴと尻尾を巻いてしまう人と、さらに粘れる図太い人がいるように思います。

じつは、その図太さを支えている、ある秘密があるのです。それが「腹案」、つまり、前もって心の中で考えておいた、ほかの提案です。案がひとつしかなかったら、

「いやぁ、これではこちらとしては受け容れかねますね」

と相手が難色を示した場合、たちまち手詰まりになって、引き下がる以外にありません。しかし、発想や方向性がちがう腹案を持っていたら、その場で堂々と次なる提案ができるのです。

わたしも「禅の庭」のデザインのプレゼンテーションをするとき、必ず、腹案を用意して臨むようにしています。デザインをする際には、クライアントと話し合い、先方が望んでいることを、できるかぎり汲みとるようにつとめますが、それでも、「ここが希望とはちがう」というところはでてきます。

そこで腹案を提出する。すると、そこから話が進展し、合意にいたるケースが少なくないのです。

「最初の案でほとんど満足なのですが、この部分だけは腹案のように変えていただけますか。それで進めてください」

ということになるわけです。本案だけで押し切ろうとすれば、先方は押しつけ感を感じますから、反発が生まれ、「すべてやり直してください」ということにもなりかねないのです。

仕事の交渉でいえば、「白紙にしてください」という状況。それまでの話し合いがすべて無駄に終わってしまうという、もっともまずい流れになるのです。これでは図太く粘ることはできません。逆にいえば、腹案を持っていれば、誰でも図太く粘ることができる、ということになります。

さて、その〝使える〟腹案をつくるポイントですが、これは、話し合いの段階でよく相手の話を聞くことに尽きます。

交渉やセールスでは、話すことが重要視されがちですが、実際はちがいます。重要なのは聞く力です。相手の話にじっと耳を傾けるなかで、いかにして相手の思いや希望を引き出すか。勝負どころはそこです。

事実、交渉上手な人も、敏腕セールスパーソンも、ほぼ例外なく聞き上手で、相手と接している時間のほとんどを聞くことにあてています。立て板に水のごとく、一方的にセールストークの類を並べ立てる人は、相手のニーズを掴み損なって、成績をあげることができないのです。

みなさんのなかには、話すことがうまくなくて、交渉やセールスに苦手意識を持っている人がいるかもしれません。とんでもない勘違い。即刻、認識をあらためてください。聞く力こそ、最強の武器です。

「清寥寥《せいりょうりょう》　白的的《びゃくてきてき》」

心が静かに透きとおっていて、どこにもはからいがない、ということをいった禅語です。相手の話を聞くときに、もっとも必要な心のかまえがこれです。交渉事をうまくまとめよう、商品を買ってもらおう、という〝はからい〟は心から追い出して、とにかく聞くことに全力を傾けましょう。

そうすることで、相手のニーズをこまごまとしたところまで、汲みとることができるはずです。あとは、本案と腹案をつくりあげるのみ。それを持って臨めば、おのずから図太く、粘り強く、交渉にあたることができます。

腹案づくりの最大のポイントは〝聞く力〟にある

呼吸が、図太さを高めてくれる

みなさんも緊張する場面を何度となく経験していることでしょう。仕事では重要案件の交渉、プレゼンテーション、ＶＩＰとの初面談……などが緊張を強いられる代表的な場面でしょうか。

プライベートに目を転じれば、初デート、プロポーズ、フィアンセ宅の初訪問、結婚式のスピーチ、といった慶事に関連した場面が思い浮かびます。自他ともにプレッシャーに弱いと認めている人は、胆が縮みあがる思いかもしれません。

なんとか緊張を解きほぐし、心を静め、落ち着けたい。そう感じたことなど、これまでただの一度たりともない、という人はそういないはずです。

　そのための最良の方法は、なんといっても「呼吸」です。**坐禅のときに用いる「丹田呼吸《たんでんこきゅう》」（くわしくはP206）。これにまさる、心を「整える」方法はありません。**

　いまでは、国内外で講演をする機会も、年間かなりいただきますし、NHKさんを中心にテレビ番組の出演依頼も増えてきましたが、いちばん印象に残っているのは、やはり、はじめて講演をさせていただいたときのことです。

　ご葬儀の際など、ご参列のみなさんに向けて法話をすることはあったものの、講演というかたちは未経験。わたしは緊張感でいっぱいになりました。正直、心臓がドキン、ドキンと脈打つ音が聞こえるほどだったのです。そのとき、

「呼吸だ、呼吸だ！」

　心の内でそんな声がしたのです。わたしの呼吸は浅い胸式呼吸になっていました。「そうか」。思い直して、わたしはその場で丹田呼吸をしました。深～く、長～く……数回おこなうと、自然に肩の力が抜け、心がスーッと落ち着いてきたのです。そして、平常心で講演に臨むことができたのでした。

　緊張して、焦ったり、あがったりしているときの呼吸は、短く浅い胸式呼吸になっています。それを意識して丹田呼吸に切り替えることで、心は整い、落ち着きを取

り戻します。

坐禅の三要素といわれるのが「調身」「調息」「調心」です。順に姿勢を整える、呼吸を整える、心を整える、ということです。この三つは深くかかわっていて、姿勢を整えることで、呼吸が整い、さらに心が整うのです。

丹田呼吸では、まず、背筋を伸ばし、骨盤を立てます。この姿勢をつくらなければ、深く、長い呼吸はできません。丹田というのはおへその下二寸五分(約七・五センチ)の位置です。

その丹田を意識し、そこにある空気を全部吐き出すような気持ちで、ゆっくりと息を吐き、吐き切ります。吐き切ってしまえば、自然に空気が入ってきますから、吸うことを意識する必要はありません。吐いたときと同じように、ゆっくり丹田にまで息を落とす(吸い込む)気持ちでおこなってください。

緊張しているときに、心を落ち着かせようとしても、心は見えませんから、どうすればよいかわからないでしょう。直接、心にはたらきかけることはできないのです。しかし、姿勢は自分の意志で整えられます。また、呼吸も同じ。

そして、その二つを整えることが心を落ち着かせることに繋がるのです。この姿勢と呼吸と心の関係は、禅の修行を重ねるなかで、祖師方が見つけたものだと思います。静かにすわって、丹田呼吸をしていると、心が澄みきって、整ってくる。祖師方はそのことを体感したのでしょう。

　できれば、朝、窓を開け放ち、新鮮な空気を取り入れたなかで、丹田呼吸を数回おこなうことを習慣にしたらどうでしょう。一日を落ち着いた心で始めることができますし、丹田呼吸のコツを身体が覚え、いつ、どんなときでも、瞬時に呼吸を切り替えることができるようにもなります。

　それは、そのまま禅の知恵を携えて生きていることです。緊張したり、心が乱れたと感じたりしたときは、この禅の知恵を取り出し、静かで穏やかな平常心を取り戻してください。

呼吸は
あなたの心をどっしりさせる

上司と距離を置く方法

人間関係のなかでも悩みのタネになりやすいのが、会社でのそれではないでしょうか。会社をやめる理由の上位に、社内の人間関係に疲れて、耐えられなくて、といったことが常にあげられているのは、それを物語っています。

会社での人間関係は選べませんから、たとえ人間的に好きになれなくても、性格的にソリが合わなくても、つきあわないでいるわけにはいきません。ときにはそれがストレスにもなる。大切なのは距離のとり方でしょう。

「相手が上司だったら、こちらが合わせるしかないんじゃない？　よく思われたほうが仕事だってしやすくなるし……」

それがもっとも安直な対応でしょう。上司も人間ですから、逆らわず、何でもいうことを聞く部下は可愛がられるかもしれません。しかし、合わせているほうはどうでしょうか。

がまんを強いられることになりますし、そのことによって、心のモヤモヤ、モンモンとした精神状態に、いつも苛まれ続けるのではありませんか。**合わせることの〝代償〟は小さくはありません。**

ここは、思い切って、図太く、上司に自分の思いをぶつけてみてはどうでしょう。「あたって砕けろ」の心意気で向き合えば、上司だって真正面から受けとめてくれるはずです。

腹を割って話したことで、〝好きになれない〟〝ソリが合わない〟原因が払拭されるのは、珍しいことではありません。

また、こんな考え方もあります。会社での人間関係とはどういうものでしょうか。上司であろうと、部下であろうと、仕事の成果をあげるということが最優先の目的ではありませんか？　そうであったら、自分のポジションでそのための努力をすることだけを考えればいいのです。

性格的に嫌だ、ソリが合わない、といったことは二の次です。自分のやるべきことを精いっぱいやっている部下に、ソリが合わないからといって、つらくあたったりすることは、よほどのパワハラ上司、モラハラ上司でないかぎり、ないはずです。万一、そんな上司であったとしても、上層部を含め周囲はそのことを見ていますから、いずれは上司のほうの風あたりが強くなって、面目も立場も失うことになるのは必定といえます。こんな禅語もあります。

「悟無好悪《さとればこうおなし》」

あるがままを、そのままに認めれば、好きも嫌いもない、ということです。嫌だ、合わない、と感じるのは、自分のほうに「こんな性格だったらよいのになぁ」「こうであって欲しい」という相手への思惑があるからでしょう。

しかし、他人を自分が望むような人に変えることなどどだい無理な話なのです。そうであるなら、そのまま認めてしまったらいい。そのほうがずっとラクになると思いませんか？

「いつも皮肉なものの言い方しかできない、そういう人なのだ」

「何に対しても屈折した考え方をする、そんな人だなぁ」

認めてしまえば、距離のとり方もわかってきます。あまり離れずに、ウォッチして、反面教師にするのもよし、大きく距離をとって、つきあいは仕事に必要なことだけに限定するのも、また、よしです。

もちろん、その大前提になるのは、自分がやるべきことを精いっぱいやっている、ということです。

自分の距離感で相手とつきあうことは、揺るがない自分でいることです。人間関係における図太さとは、きっとそういうものだと思います。

相手のあるがままを認めれば好きも、嫌いも、なくなる

年相応ではなく、自分相応に生きる

老年という時期にさしかかると、人によって大きな差がでてくるように思います。すっかり萎《しお》れて老け込んでしまう人がいる一方で、老いてますます盛んという人もいる。両者を分かつのは老いに対する捉え方、考え方のちがいでしょう。

前者は、老いによる変化に敏感。こまかいことまで気になって仕方がないのです。

「ああ、こんなにシワが増えてしまったわ。肌のハリもツヤもぜんぜんなくなっているし……やっぱり年なんだな」

「このせり出したお腹、もう、どうしようもないな。年をとっちゃったってことか」

という塩梅です。いってみれば、「老い＝衰え」という図式で捉えているのです。

老いるということに対して、マイナスイメージが先行している、といってもいいかもしれません。

老いた自分ということが頭にありますから、何かにつけて「年相応」であるべきだと考えてしまいがちです。年相応のファッションをしなければ、年相応の人とおつきあいをしなくては……。生真面目すぎるほどに年に自分を合わせる、もっといえば、年に縛られている姿といっていいでしょう。

それに対して、後者は、いまの自分ということだけを意識しています。いまの自分ができること、やりたいことと向き合っているのです。ですから、若々しいファッションがしたければしますし、年が離れた世代の人たちともつきあいます。前者と比較していえば、「自分相応」に生きているということでしょう。

ビジネスパーソンにとって定年はひとつの区切りです。その捉え方も両者はちがっているのではないでしょうか。

「定年まであと五年しかなくなってしまったか」

これが年相応派です。しかし、自分相応派はちがう。

「定年後は何をするかな。この五年はそのための準備期間だ」

前者が定年というゴールばかり見ているのに対して、後者の視線は定年後という新たなスタートに据えられているのです。わたしの知人にこんな人がいます。

投資関係の米国企業の不動産部門に勤めていた人ですが、あるとき、その企業が不動産部門を日本の企業に売ったのです。かなりの実績をあげていた人ですから、そのまま定年まで売却先の日本企業にいることもできたのだと思います。しかし、彼は、

「いい潮時だな。や〜めたぁ」

とあっさり会社に見切りをつけ、自分がしたかったことを始めました。何を始めたと思いますか？　美食家でお酒も好きだという自分の〝趣味〟を活かして、飲み屋さんを開店したのです。

日本各地から日本酒をたくさん集めた立ち飲みのお店です。それも、食べものはいっさい提供せず、持ち込みOKという変わり種です。これが夕刊紙などにも取り上げられ、なかなかの繁盛ぶりだと聞いています。

このケースは定年前の転身ですが、自分相応の生き方の代表例だと思います。定年までの時間を指折り数えてため息をついている年相応派とは雲泥《うんでい》の差。まったく

畑ちがいの分野に踏み出した気力、体力には、若い世代も脱帽というところではないでしょうか。

自分相応に生きたら、年に縛られることはありません。老いに対して鈍感でいられます。それが若々しさに繋がることはいうまでもないでしょう。そのためのひとつのカギは下準備にあるという気がします。

定年の五年前、できれば一〇年前くらいから、やりたいことを見つけ、その準備に着手するのです。準備が整ったら、いまあげたケースのように定年前に転身するのも、もちろん、いいですね。

ここは腹を据えて、年相応から自分相応に舵を切るのが「図太さ」だと思います。

老いに鈍感になると、若々しくいられる

第四章

怒りをため込まないで、図太く解消する

怒っている相手と同じ土俵に上がらない

世の中にはストレスのタネがあふれています。とりわけ、情報化が進み、スピード感が増す一方で、経済的な停滞状況にある現代は、精神的な負担が大きいといえるかもしれません。

間断なく押し寄せる情報は常に心を刺激せずにはいませんし、スピーディな時間の流れは「追われる」感覚をもたらします。相変わらずのデフレ下での生活は、リストラや倒産といった不安を抱かせもするでしょう。

人々のストレスは嵩じています。それを物語るかのような光景が、時折メディアで報じられます。公共交通機関が何かのトラブルで遅れたりしたとき、駅員さんにものすごい剣幕で食ってかかる人を見たことがあると思います。

怒りを駅員さんにぶつけているわけですが、個々の駅員さんには何の責任もないのです。怒っている人はそのことをわかったうえで、駅員さんが反論できないのをいいことに、罵詈雑言《ばりぞうごん》を浴びせている。たまったストレスをそんなところで解消している、とわたしには見えます。

理不尽な怒り、タチの悪い怒りです。しかし、その風潮は蔓延している。企業が立場の弱い下請け業者に無理難題を押しつけたり、横柄な態度をとったりすることは珍しくはないでしょう。そして、下請け業者は孫請け業者に対して同じようなふるまいに及ぶ。会社内では虫の居所が悪い上司が、部下に怒りをぶつけることで、ムシャクシャを解消するということもあるでしょう。

ストレスや怒りの矛先は、弱者へ、弱者へと向けられているのです。みなさんも、その標的にならないともかぎりません。理不尽と感じる怒り、感情を吐き出しているとしか思えない怒りをぶつけられたら、さて、どう対応しますか？

「そりゃあ、黙っちゃいられない。こっちだって、断然対抗するよ。返り討ちにしてやる」

まあ、少々気が強い人はそう考えるかもしれません。しかし、その結果は、いわゆる〝売り言葉に買い言葉〟の展開となって、収拾がつかなくなる。おたがいが気まずい思いのまま背を向け合って、しばらくは没交渉。へたをすれば、怨みを抱えたまま関係断絶ということにだってなりかねません。

怒りに怒りで対応するのは、相手の土俵に上がることです。〝敵〟が上がってきたら、相手も戦闘意欲を掻き立てられます。そして、双方が引くに引けなくなり、ノーガードの打ち合いとなるわけです。怒りをもって怒りを制することはできないのです。どうせ上がるのなら、もっと高みに上がるのがいい。視点を土俵のはるか上に据えて、相手を見下ろすのです。

「感情に振りまわされて怒っているあなたは、その程度の人間なんですね。残念ながら、わたしは相手にはなりませんよ。どうぞ、怒りと独り相撲をとっていてください。なんと、お気の毒な……」

これが図太い人の対応だ、とわたしは思っています。**こちらが取り合わなければ、ほどなく相手も自分一人が力みかえっているみっともなさに気づき、矛を収めるしかなくなります。**いってみれば、「暖簾《のれん》に腕押し」戦法、「糠《ぬか》に釘」作戦です。

ただし、ふるまい方が重要です。怒っている相手の前でシュンとしたり、うなだれたりしたら、相手の思うツボ。怒りの効果があるとみれば、相手は嵩《かさ》にかかってきます。「水に落ちた犬は打て」とばかり、攻め続けてくることになります。

「和顔《わげん》」

この禅語は、和やかな表情という意味です。禅では人に対しては常にその表情で接しなさい、と教えています。和顔の実践。それにまさるふるまい方はありません。口汚く罵《ののし》ってくる相手を和やかな表情で受けとめたら、相手はグウの音も出なくなるでしょう。なにしろ、「和顔施《わげんせ》」という言葉もあるくらいで、和やかな表情にはお布施と同じ効力があるのです。怒りにお布施をもって返す。まさしく、図太い人の対応、大人の対応です。

怒りには「和顔」というお布施をもって返す

いちばんの「仕返し」は堂々と生きること

みなさんは、腹に据えかねることがあって、「いつかあいつを同じ目に遭わせてやる!」と仕返しを心に誓ったことはありませんか? 信じていた友人に裏切られた、尽くしていた恋人から手酷《てひど》い仕打ちを受けた、仕事でつきあいのある人に騙された……。

そんなケースでは〝報復心〟を抑えられないかもしれません。では、虎視眈々と機会をうかがいながら、準備を進め、〝みごと〟仕返しに成功したとして、心から快哉を叫べるでしょうか。

わたしにははなはだ疑問です。どんな相手であっても、人を陥れたり、傷つけたりするのは、けっして心地よいものではありません。溜飲《りゅういん》が下がるのはほんの一瞬。その後は後味の悪さがずっと残ると思うのです。

しかも、相手がやられたまま黙っているとかぎらない。さらなる報復にでてくる可能性は小さなものではないでしょう。「報復の連鎖」は世の常。歴史もそれを証明しています。仕返しは自分に戻ってくるのです。

そうはいっても、裏切られた悔しさ、手酷い仕打ちを受けたつらさ、騙された悲しさなど、さっさと忘れてしまえ、といわれても、そう簡単にできるものではないことも確かです。心の傷や痛みがいつまでも疼《うず》くという人もいます。

こんな禅語があります。

「前後際断《ぜんごさいだん》」

道元禅師の言葉ですが、禅師はその意味を薪と灰を例にあげて説明されています。かいつまんでいうと、こういうことです。薪は燃えて灰になります。ですから、薪は灰の前の姿、灰は薪のあとの姿、という見方もできますが、そういう見方をしてはいけない、と道元禅師はおっしゃるのです。

薪は薪、灰は灰で、それぞれ絶対の姿であり、繋がっているわけではない。前（薪）

後（灰）は際断、つまり、断ち切られているのだ、というのが道元禅師の説明です。

大切なのは「いま」というその瞬間のみであり、それは過去を引きずってもいないし、未来に繋がってもいないということでしょう。

人は過去、現在、未来という時間の流れのなかで生きています。しかし、たったいま生きているのは、まぎれもなく現在です。その現在は過去の後でもないし、未来の前でもないのです。

過去とも未来とも切り離されて、絶対的な現在（いま）がある。わかりにくいでしょうか。道元禅師はまた、四季を例にあげてもいます。春夏秋冬の四季はめぐりますが、春が夏になるのでもないし、夏が秋に、秋が冬になるのでもないのです。移ろいのなかで繋がっているようでも、それぞれが切り離され、独立してその季節を現出させているのです。

さて、裏切られた、手酷い仕打ちを受けた、騙された、といったことがあったのは過去です。そして、生きているのはその過去とは切り離されたいま（現在）でしょう。ですから、そのいまを、ただ、生きればいいのです。

仕返しを考えるということは、すでにその過去から切り離されている現在を、相

も変わらず〝裏切られた（手酷い仕打ちをされた、騙された）〟自分として生きることです。

そんな生き方でいいですか？　わたしは真っ平御免、願い下げです。

せっかくしっかり生きることができるいまを、裏切られた、手酷い仕打ちを受けた、騙された、と嘆いて生きるなんてもったいないではないですか。

いまを胸を張って、堂々と、毅然と生きている姿は、裏切った、手酷い仕打ちをした、騙した、当の相手にどう映るでしょうか。

「負けた！　参りました！」

きっとそう映るはずです。そして、自分がそんなふるまいに及んだことを恥じ、惨めになるのです。

仕返しは過去に葬って
いまを、ただ、生きる

どでかい堪忍袋《かんにんぶくろ》を持つ

「堪忍袋の緒が切れる」という諺があります。堪忍袋とは怒りを抑える心の広さ、もっといえば、怒りを包み込んでしまう図太さを喩えたものといっていいかもしれません。いまよくいわれる「すぐキレる」人は、ごくごく小さな堪忍袋しか持ち合わせていないのです。

すぐに怒りを露わにする人を「瞬間湯沸かし器」といったりしますが、このタイプは周囲に敵をつくりやすいし、周囲からのサポートも得にくいといえます。人は一人では生きていけません。周囲の人たちとの縁をいただき、その人たちに支えられながら生きているのです。

それが生きるということの大原則ですから、堪忍袋の小さい人は、当然、生きにくいということになります。それどころか、一生を台なしにしてしまうこともあるのが、怒りなのです。

歴史上にその例を探れば、織田信長があげられるでしょう。天下統一を目前にしながら、腹心の家臣であった明智光秀に討たれ、ついに大望かなわなかったことは、誰もが知るところです。

信長の人物像を語るキーワードのひとつが「癇癪《かんしゃく》持ち」。すなわち、怒りっぽいということです。光秀を織田家の重臣が居並ぶなかで打ち据えたというエピソードなども伝わっています。

家臣のなかでも群を抜く知性派であったとされる光秀も、さすがにその仕打ちには耐えられなかった。謀反に及んだ理由はさまざまに語られ、いまだ「これぞ、定説！」というものはないように思いますが、信長の怒りっぽさがその一因であったことは確かでしょう。

「織田が搗《つ》き　羽柴が捏《こ》ねし天下餅《てんかもち》　座りしままに食らうわ徳川」

そんな歌もあるように、結局、天下人になり、長く太平の世をおさめるきっかけをつくったのは徳川家康でした。その家康に次の言葉があります。

「怒《いか》りは敵と思え」

幼少期から今川（義元）家の人質となり、その後も、幾多の忍従のときを過ごしてきた家康の人生訓ともいえるものだと思いますが、信長とはまさしく好対照。堪忍袋の緒をしっかり結んできたことが、天下人への道を開いたことは疑問の余地がありません。

奇しくも海外の為政者も同じ意味のことをいっています。

「腹が立ったら、何かいったり、したりする前に一〇まで数えよ。それでも怒りがおさまらなかったら一〇〇まで数えよ。それでもダメなら一〇〇〇まで数えよ」

米国の独立宣言を起草して第三代大統領となったトーマス・ジェファーソンの言葉です。この箴言は家康の言葉とピタリ符合します。

東西の〝天下人〟が強く怒りを戒めていたというこの事実は、深く胸に刻んでおくべきでしょう。

もちろん、人生には怒るべき「ここ一番」という場面もあると思います。そこでは怒ればいいのです。ただし、感情的にではなく、理性的に怒ってください。そのためには、自分の正当性と相手の不当性を、じっくり、じっくり吟味することです。

そうであってはじめて、怒りは「伝家の宝刀」にもなるのです。

ぜひ、堪忍袋を大きくする努力をしてください。最後にそのための名言をもうひとつ紹介しておきましょう。

「怒りと愚行は相並んで歩み、悔恨が両者の踵《かかと》を踏む」（ベンジャミン・フランクリン＝米国の政治家）

怒りは人生を破壊し
堪忍袋は人生を成功に導く

「書く」ことで怒りの感情が消える

「怒りを解消することが下手で、自宅に戻ってからもムシャクシャしていることがよくある」

そんな人もいるでしょう。もっとも、さまざまな場面で湧き上がった怒りが消えないまま自宅に持ち帰っても、配偶者や同居人などいい分を聞いてくれる人がいたら、やがて、怒りは鎮まり、消えていきます。思いのタケを語ることで、心は軽くなるからです。

一方、独り暮らしで怒りのやり場がない場合は、少々、やっかいなことになりそうです。やけ酒をあおっても、一人悪態をついても、怒りは鎮まるどころか、かえって燃えさかることになる。とくに夜という時間帯は感情が激しやすい、増幅しやすいのです。

しかし、怒りを〝未処理〟のままでは、容易に眠ることもできないでしょうし、その感情を引きずったまま迎える朝も、憂うつなものになるのは必定です。

そこで、おすすめしたいのが「怒りを書く」ということです。文章にするには何があったかという、そのとき起きた事実を整理する必要がありますし、整理をすることで気持ちは冷静にもなってきます。たとえば、

（○○社のAが「そちらからくるデータっていつも遅いよね。みんなラクな仕事してるんだな」といった。こちらの社内事情も知らない人間に、あれこれいわれる筋合いはない。ラクな仕事なんかあるわけないじゃないか）

（仕事で疲れているみたいだったから、別れ際に「仕事忙しいの？　大丈夫？」と聞いてあげたのに、「おまえには関係ない」の返事はないでしょう。今日の彼には本当に頭にきた）

（電話でちょっと愚痴っただけなのに、「あなたと話しているとイライラする」というい草はなによ。それでいきなり切るのは、いくら友だちだからって、あまり

にも失礼じゃない）

書くことは怒りを吐き出すことでもありますから、怒りのテンションはまちがいなく下がります。そして、書いたものを読み返してみることで、怒りの源を客観的に見直すこともできるのです。

その「客観的に見る」という手法は、図太い人のものごとの見方です。たとえ、自分がその渦中にいても、そこから少し離れた視線で見ることができるから、ものごとにいたずらに振りまわされることがなく、感情を揺さぶられることもないのです。書くことは、そんな図太い人の視線を持つこととといってもいいでしょう。

客観的に見直してみると、〝あんないい方〟にしても、相手がふだんから少し皮肉なもののいい方をする人で、悪気などまったくないし、こちらが傷つくとも思っていない、ということだって十分考えられるな、と思えたりしてきます。

彼の対応だって、「おまえには関係ない」が「心配しなくていいよ」というつもりでいった言葉ともとれなくはない、と思える。

友人の態度も、こちらはちょっとした愚痴《ぐち》と考えていても、けっこう電話が長くなり、うんざりしてしまったのかもしれませんし、その日は友人自身の虫の居所が悪かったということもあり得るのではありませんか？　親しい仲であれば、それくらいの〝わがまま（自分中心のふるまい）〟はあり、でしょう。

心で思っている間は、怒りの出口が塞がれているのです。書くという作業はその出口を開くことだといってもいいでしょう。いずれにしても、その作業を経ることで、

「たいしたことじゃないな。ま、いっか」

というところに落ち着くものです。静かな心で眠りについてください。

書くことで、怒りの出口が開かれる

自分を実力以上に見せようとしない

「怒りをためないコツ」は、必要以上に頑張りすぎないで、自分のペースでナチュラルに生きることです。それらをいくつか述べていきたいと思います。

引き受けた仕事や役割には、必ず、責任がついてまわります。自分の責任でそれを仕上げたり、まっとうしたりしなければならないわけです。

ただし、責任ということにも範囲があるのではないでしょうか。たとえば、上司から仕事を命じられて引き受けたとします。仕事にはいろいろな要素がありますから、なかには「ここは得意じゃないな」という部分があるかもしれません。

企画書をまとめるのは得意だけれど、図や表をビジュアル化するのは苦手だ、と

いったケースですね。しかし、真面目な人は、

「引き受けたからには全部自分の責任でやらなければ……」

と考えてしまったりするわけです。責任の範囲を広くとるのです。責任に敏感といっていいかもしれません。その結果、苦手なビジュアル化に手を焼き、そこで多くの時間を費やすことにもなる。指示された期日に間に合わないことだって考えられなくはありません。

間に合わなければ、上司から叱責されるでしょうし、責任をはたせなかった自分を責めることにもなります。さらには、仕事を引き受けることに対して臆病になる。どんどん萎縮していくのです。

引き受けた仕事の責任が「一〇」だとすれば、なにもそのすべてを一人で背負い込むことはないのです。そのうちの「七」については自分の得意とする部分だし、責任はまちがいなくとれるというのであれば、残りの「三」はそれが得意な人の手を借りて、その人の責任で仕上げてもらえばいいではないですか。

仕事を引き受けるときに、上司に、

「わたしはビジュアル化が苦手なものですから、そこは○○さんにお手伝いしてい

ただこうと思います。それでよろしいですか？」

といってしまえばすむことです。少しばかり図太い神経が必要ですが、できないことはできない、苦手なものは苦手、と認めることは、けっして恥ずかしいことではありません。ただ、それができない人がいるのもわかります。

若い頃はとくにその傾向が強いようですが、人には「できる人に見られたい」「凄い人と思われたい」という潜在的な願望があります。その願望についつい唆《そそのか》されてしまうわけです。自分を実力以上に見せようとする。

しかし、現実的に実力以上の仕事はできませんから、結果はおのずから明らかです。期日に間に合わない、完成度が低い、ミスが散見される……といった不備が露呈することになります。

自分の本当の実力ときちんと向き合う勇気を持ちませんか？　しっかり目を開き、正味の自分を見つめましょう。上司は部下の実力を見通しているものです。得意、不得意ということも把握しているでしょう。

ですから、一切合切を背負い込んでいる部下をこんな目で見ているはずです。

「おいおい、無理するなよ。そこは同僚のあいつに頼めばいいじゃないか。人にまかせられるのも実力のうちだぞ」

心ある上司とはそういう存在です。

ちなみに、わたし自身も「できないことはできない」と図太く割り切っています。

たとえば、英語。海外で仕事をすることも多くなって、英語でコミュニケーションはなんとかとれるようになっています。しかし、英語の文書となるとからっきし苦手。簡単なメールの返信でさえ、「この単語、どんなスペルだったかな?」というレベルです。

そこで、〝書く英語〟はそれが得意なスタッフにお願いしています。それで仕事はスムーズに運ぶのです。

正しく実力を見きわめれば、責任範囲を見誤ることはありません。

自分の実力に見合った責任だけをとればいい

弱みを見せてしまえばラクになる

得意、不得意については他の項目でも触れましたが、不得意なことに関しては、繊細な人ほどさっさと情報公開してしまうのがいいと思います。

「わたしはあがり症なのでプレゼンみたいに人前で話すのは苦手です。どちらかといえば、コツコツ積み上げていくような仕事が好きで……」

もちろん、あらたまっていう必要はありませんが、上司と飲みに行った際などに伝えておいたらどうでしょう。周囲が情報を共有してくれていれば、それとなく便宜をはかってくれることになるはずですから、職場の居心地もよくなりますし、ラクな気持ちで仕事に取り組めます。

いちばんいけないのは、不得意を隠していること。隠すのはなんでもできるオールラウンドプレーヤーと見られたいからだと思いますが、〝ふり〟をしたツケは必ずまわってきます。

「じゃあ、今度のプレゼンはキミにやってもらおう」

上司からそんな指示が出されたら、応えないわけにはいきません。プレゼンテーションという重要な舞台で、しどろもどろになる、といった醜態を演じるハメになるのです。指示が出ないにしても、いつも、「今度は自分に白羽の矢が立つんじゃないか」とビクビク、おどおどしていなければならないことになります。

弱みも同じです。見せてしまえばラクになる。人間としても、ヘンに強がって、弱みをひた隠しにする人より、開けっ広げにしてしまう人のほうが、ずっと魅力的なのではないでしょうか。

その政治手法はともかく、政治家としての魅力をふんだんに持っていたのは、田中角栄元首相でしょう。角栄元首相のウリのひとつが「高小（高等小学校）卒」という学歴でした。

東大をはじめ、一流大学卒業者がひしめく政界では学歴の低さは、一般的には弱みです。しかし、彼はそれを逆手にとった。あえて低学歴をおおっぴらに語ることで、人間的な魅力を打ち出したのです。事実、メディアも、人々も、「今太閤」と呼んで、やんやの喝采を送りました。

ただし、これには裏話があります。角栄元首相の本当の最終学歴は「中央工学校」という、現在でいえば高等専門学校レベルの学校なのです。いってみれば、学歴を低く誤魔化す〝逆学歴詐称〟をしていたわけですが、通常の学歴詐称より、このほうがよほど愛敬があります。

「露堂々《ろどうどう》」

これは、どこにも隠すところがなく、ありのままの自然の姿があらわれている、という意味の禅語です。弱みを隠せば、堂々とはできません。こちらも、不得意隠しと同じで、露見を恐れていつも脅えていなければならなくなる。

卑近な例でいえば、都会の暮らしに馴染めないことが弱みと感じたりするかもしれません。そうであったら、何もそのことを隠して、都会生活をおしゃれにエンジョイしているふうを装うことはないのです。

「田舎者だから、かっこいい街並みがなんだか息苦しくてさ。なぁんもない故郷に帰るとホッとするんだ」

とでもいってしまえばいいのです。そのほうが人柄が垣間見えて素敵ですし、好感度も断然高いと思いませんか？

見かけは強面タイプなのに、家庭では妻にすっかり主導権を握られているということなら、亭主関白ぶらなくていい。

「俺、家では女房にまるで頭が上がらなくてさ。こんな顔しているのに、情けない話だよなぁ」

情けないどころか、チャーミングではありませんか。不得意、弱みを隠しておどしながら生きるか、ありのままの自分を図太く見せてスッキリ、心晴れやかに生きるか、選ぶのはみなさんです。

弱みを見せたら、いまよりずっと魅力的になれる

反省は、ピンポイントでいい

「誰でもそうやけど、反省する人は、きっと成功するな。本当に正しく反省する。そうすると次に何をすべきか、何をしたらいかんか、ということがきちんとわかるからな。それで成長していくわけや、人間として……」

冒頭から名言を紹介しましたが、これは経営の神様といわれた、松下電器産業株式会社（現パナソニック株式会社）の創業者、松下幸之助さんの言葉です。まさに至言。仕事の成功、人間としての成長に、反省は不可欠です。

言葉のなかでもとくに注目すべきは「正しく反省する」という部分でしょう。仕事がうまくいかなかったときは、誰でも反省するはずですが、繊細すぎる人は、その反省の仕方にやや難があります。

「せっかくまかせてもらった仕事なのに、まとめることができなかった。あ～あ、自分はダメだなぁ。イチから出直しだ」

素直に、また、謙虚に反省しているかに見えますが、これは過剰。反省のしすぎです。「過ぎたるはなお及ばざるがごとし」という諺もあるように、反省も過ぎると自分が惨めになってきます。

どんな仕事にもプロセスがあります。たとえば、準備段階、着手段階、交渉段階、詰めの段階、最終段階……といった具合にそのプロセスにしたがって、仕事を進めていくわけですが、それぞれの段階での自分の対応、自分が打った手が、すべてまちがっていた、ダメだったなどということはないのです。

ですから、必要なのは、すべてについて反省するのではなく、どの段階のどんな部分に問題があったか、どこが足りなかったか、を検証し、問題があった、不足していた、という点を見つけて、そこについて反省するということです。

つまり、反省は問題箇所、不足部分にピンポイントで焦点をあてたものでなければ、意味がないのです。松下翁のいう「正しく反省する」ということを、わたしはそう解釈しています。問題がなかった対応については、反省する必要などないのです。

仕事がうまくいかなかったといっても、ほとんどのケースが、ひとつかふたつ対応を誤ったということに原因があるのではないでしょうか。

たとえば、準備段階から順調に運んできたのに、詰めの段階で暗礁に乗り上げ、結果的に交渉がまとまらなかったということがあるかもしれません。そうであれば、

「詰めで少し焦りすぎたかな。もう少し、じっくりかまえ、時間をかけてやるべきだった。〝詰めに時間を惜しむな〟と胸に刻んでおこう」

といった点だけを反省すればいいわけです。

また、交渉が始まってからすぐ、相手側から資料が不足していると指摘され、その不備がずっと尾を引いて、話が流れてしまったということなら、

「準備は入念のうえにも入念にやらなければいけないということだ。これは肝に銘じておかなければいけないぞ」

ということが反省材料になるでしょう。

そうすることによって、二度と同じ過ちを繰り返さなくなります。反省が次に活

きるのです。仕事のスキルが上がるといってもいい。こうした反省の仕方をしていれば、うまくいかなかったからといって、挫けることもありません。

わたしがデザインする「禅の庭」は、そのときどきのわたしの心の表現ですから、常に心が映し出された造形になっています。その意味では、「うまくいかなかった」ということはないのですが、それでも、できあがった「禅の庭」の前に立って、次に向けての「可能性を探る」ということはあります。

「植栽を少し控えめにしたらどうだっただろう？　石の表情がもっと際立っただろうか？」

これも広い意味での〝反省〟ということになるでしょうか。

さあ、「正しく反省」して、図太く前に進みましょう。

やみくもな反省ではなく〝検証〟する

親切なお節介は「ありがとう」で封じる

わたしはゴルフをしませんが、ゴルフほど〝コーチ〟が多いスポーツはないと聞いています。とにかく、教えたがりが多い。自分自身はそうたいした腕前でなくても、他人の修正点はよく見えるのか、ああでもない、こうでもない、もっとこうしたほうが……と誰もがにわか「レッスンプロ」になるのだそうです。

まあ、相手も親切心でいっているのでしょうから、取り合わないわけにもいかず、「イラッとした」「往生した」という経験はどのゴルファーにもあるようです。

典型的な「小さな親切、大きなお世話」の例ですが、こうしたことは日常的にもけっこうあるのではないでしょうか。

「先輩の○○さんにはまいっちゃうよ。ちょっと意見を求めると、延々長話が始まっちゃうんだから。こちらが聞きたいのはワンポイントだけなのだけれど、それじゃあおさまらなくて、決まって持論の展開になるんだから……」

いるのではないですか？　このタイプ。時間があり余っていれば、長広舌《ちょうこうぜつ》につきあうのはやぶさかでなくても、多忙な仕事時間中では迷惑至極以外のなにものでもありません。そこで、

「先輩、聞きたかったのはそのことだけですから、もう……」

と幕引きができればいいのですが、気持ちよさそうに持論を述べている相手の手前、さすがにそれは憚られる、ちょっと申し訳ない、と考えてしまう人もいるのではないでしょうか。

話を打ち切るとっておきの「図太い」言葉があります。

「ありがとうございます」

相手に嫌な思いをさせずに、その場の会話を終結させるのに、これ以上ふさわしい言葉はありません。どんな相手でも、

「おい、ちょっと待て。まだ、話は終わってないぞ」

ということにはならないはずです。プライベートな局面でも「ありがとう」の有効性は変わりません。世の中には悪気のない世話焼き、人のよいお節介という気質を持った人がいるものです。

ときにそれを迷惑に感じても、相手はこちらのことを考え、よかれと思って、そうしているわけですから、「それって、迷惑なんですけどぉ」とはいえません。ここでも「ありがとう」がキラーワードになります。

たとえば、そんなタイプの友人と一緒にいて、予定している旅の話題になったといったケース。

「来週末に、広島の宮島に行くんだ」

友人がかつて宮島に行ったことがあったりすると、ここから気質が全開となる可能性は大です。

「あ、そう。宮島、素敵よ。○○は絶対観たほうがいいわね。お昼を食べるんだったら、おすすめは△△というお店。あそこの××は絶品よ。これを食べなきゃ宮島に行った甲斐がないというものよ。厳島神社に行くんだったら◎◎時頃が最高。この時間を外しちゃダメよ。お土産はやっぱりもみじまんじゅうかな……」

現地の観光案内所さながらに、世話を焼いてくれることになるかもしれません。旅の醍醐味は未知の場所を思い思いに探索することにあるわけですから、出かける前からスケジュール管理をされ、はては土産物まで指定されたのでは、楽しみはまちがいなく半減します。

そこで、早い段階で頃合いを見計らって、「ありがとう」を繰り出す。日本人には相手の思いを察する文化がありますから、

「あっ、そっか、そっか。あんまり話してしまうと、つまらなくなっちゃうわね。情報過多は禁物、禁物。じゃあ、思い切り楽しんできてね」

ということになる……はずです。それでも止まらなかったら、「ありがとう。でも、あまりいろいろ聞いてしまうと、ねっ、ほら……」で締めるしかありません。

相手に嫌な思いをさせずに会話を終結させる図太さ

第五章

図太さを貫いたその先に

年をとっても図太く生きる

「体力の限界」。これは角界史上三番目となる三一回の優勝を成し遂げ、その精悍な風貌からウルフと呼ばれた名横綱、千代の富士貢さんが引退記者会見の席で残した名台詞です。みなさんにはこんな思いが頭をよぎることがあるかもしれません。

「もう、そろそろ自分も能力の限界かな？」

寂しいことを思わないでください。**人間が使っている能力は、最大でも持っている能力の約二五%だといわれています。**ほとんどの人がそれ以下の能力しか使っていません。

未開発、未使用の能力が約七五%もあるのです。どれほど使っても、どんなに鍛えても、限界にはほど遠い。それほど人の能力の容量は大きいのです。誰にでも二%、三%……と使う能力を向上させていく可能性はあります。自分で限界を決め、諦めてしまうのは、その可能性をみずから閉ざすことだといっていいでしょう。

しかし、時代は能力を向上させることとは逆行しています。利便性が重んじられ、社会がその方向で動いていることで、能力は向上するどころか、低下していっているのです。

これはみなさんにも思いあたるフシがあるはず。携帯電話がなかった頃には、誰でも頻繁にかける相手の電話番号を一〇件、一五件くらいは憶えていたのではないでしょうか。

しかし、携帯電話が普及して、登録した電話番号にはワンタッチでかかるようになったいま、どのくらいの件数を憶えているでしょうか。自分の番号以外は記憶していないという人も少なくないと思います。

カーナビもしかり。かつては頭のなかに入っていたロードマップも、いまではすっかり白紙状態になっているのではありませんか。このように、記憶ということひとつとっても、利便性を享受することによる能力の低下は明らかです。

もちろん、それが時代の流れですから、利便性から離れて暮らすのがいい、というつもりはありませんし、現実的にそんなことは無理でしょう。それを承知のうえで、私見をいえば、そんな時代だからこそ、記憶力低下に対する〝自衛〟は必要だという気がするのです。

たとえば、一週間分の仕事のスケジュールは頭にたたき込む。いまはスマホなどのカレンダーにスケジュールを書き込み、それを確認しながら動く人が多いのかもしれませんが、あえてその利便性を捨てて、自分の記憶力を頼みにするのです。

このことにかぎらず、何でもいいのですが、何かひとつでも、自分のなかでそうしたルールを決め、本来持っている能力を使うようにすれば、能力の低下に一定の歯止めがかかるはずです。利便性にひたったままになっているのではなく、不便を重々承知のうえでそのいくつかを捨てる。これも図太さです。

老いも限界を感じさせる大きな要因です。高齢になってから、何か新しいことに挑もうとすることは、「限界なにするものぞ!」という心意気のあらわれですが、日本には「年寄りの冷や水」などという、それを揶揄《やゆ》する諺があったりするから、せっかくの心意気が萎えることにもなるのです。

いくつになっても限界ははるか遠くにあるのです。ここは、あえて冷や水を浴びてやろう、という根性、チャレンジスピリットの見せどころです。

わたしの寺のお檀家さんの一人は、七〇歳を過ぎてからウォーキングを始められました。きっかけはリハビリだったのですが、歩くことが楽しくなり、ウォーキングはジョギングに変わり、マラソンにまで〝進化〟した。すでに亡くなりましたが、結局、九三歳までマラソンを続けられたのです。

わたしの父も、指を動かすことは脳を刺激するということで、八〇歳からピアノを始め、八五歳からは英会話に取り組みました。わたしの姪と一緒にピアノの発表会に出たことをいまも憶えています。

限界を決めたら能力は低下します。常に挑み続けましょう。

図太く〝冷や水〟を浴び
七〇の手習い、八〇の手習いで生きる

自分の「心の声」を聴く

「坐禅」の「坐」という字を見てください。「土」の上に二人の「人」がいます。これは坐禅というものの意味を端的にあらわしています。僧堂などがない時代には、坐禅は土や石の上でおこなわれていました。

では、すわっているのは一人なのに、なぜ、横にもう一人いるのでしょう。一人はいうまでもなくすわっている自分です。そして、横にいるもう一人は心のなかの自分、禅では「本来の自己」といったりしますが、〝その人〟なのです。

すなわち、坐禅の意味は心のなかの自分とじっと向き合うところにあるのです。向き合って心のなかの自分に問いかけ、その声を聴く、といってもいいでしょう。

「ここまでの生き方はまちがっていなかっただろうか？」

「今日の行動に誤ったところはなかったか？」

「他人を傷つけるような言葉を発したりしなかっただろうか？」

人は無意識のうちに過ちを犯したりするものですし、他人を傷つけてしまうことだってあるものです。いうまでもないことですが、けっして完璧な存在ではありません。ですから、心のなかの自分と向き合うことが大切なのです。

向き合うことでまちがいに気づけば、あらためることができますし、傷つけた自分がわかったら、その対応に動くこともできるわけです。禅の修行で、毎日、坐禅をするのは、自分の至らなさ、未熟さに気づくためだ、といっても、けっして的外れではないと思います。

みなさんも、坐禅は無理でも、心のなかの自分と向き合うことはできるはずです。とはいえ、現実にはそんな時間は持ったことがないという人がほとんどでしょう。現代人の忙しさは承知しています。

しかし、夜の一〇分間、一五分間でもいいですから、時間をつくれないでしょうか。その時間だけはスマホを「ＯＦＦ」にしておけば、ＬＩＮＥに邪魔をされることもありません。それが、自分と向き合うスイッチにもなります。

坐禅は、本来、大自然のなかでおこなうべきものです。それは、理由があってのことです。道元禅師にこんな歌があります。

「峰の色　渓の響きも　皆ながら　吾が釈迦牟尼の　声と姿と」

峰の色、渓の響きは大自然を象徴しています。その大自然はすべて、お釈迦様のお声であり、お姿である、と道元禅師は詠っておられるのです。

そう、大自然のなかで坐禅をすることは、お釈迦様のお声に包まれ、お姿に触れながら、すわるということなのです。これ以上に尊い坐禅はありません。

せっかく、心のなかの自分と向き合うという貴重な時間をつくるのですから、よりよい環境づくりをしてはいかがでしょう。

いまは自然の音を録音したＣＤなども販売されています。川のせせらぎ、風が木々の枝を鳴らす音、小鳥のさえずり、波が寄せては返す音……。そうした音を流しながら、静かに一〇分間、一五分間を過ごすのです。

大自然に抱かれて心は開かれています。そこで、その日一日の言動を振り返ってみるのです。あるいは、ここ一か月のすごし方、この一年の来し方など、振り返る時間の幅を広げてもいいでしょう。

「今日は仕事をひとつ積み残しちゃったな。このところ気合いが足りないかもしれない」

「なんか、惰性で仕事をしている気がする。いけない、いけない、マンネリには気をつけなきゃ」

必ず、気づきがあるものです。それが、心の自分と向き合うことであり、心の声を聴くことだと思います。ぜひ、そんな時間をつくってください。心のなかの自分と向き合うことほど、心を鍛えるものはないのです。

心のなかの自分と向き合えば
心は強く鍛えられる

図太い人は、よく眠る

なかなか夜寝られない。誰にでもそんな日があるのではないでしょうか。その日あったちょっとした友人との諍《いさか》いが頭から離れなくて、翌日の仕事のことが気になって……。理由はそれこそいろいろあると思いますが、何かを考えてしまうことが、眠りを妨げるのです。

ここでわたし自身のことをいっておきましょう。わたしには寝られないということがまずありません。移動中の機内でも、電車のなかでも、あっけないほどすぐに寝ることができますし、心身ともに疲れを感じているときでも、一〇分程度仮眠をとれば、爽快感が戻ってきます。

じつはしばらく前に、ヘルスケア商品などを展開している大手電気機器メーカーの睡眠に関する実験の被験者になったことがあります。その結果は、眠りに入るまでが一〜三分。ぐっすり眠っている時間は、六時間中五時間四〇分で、熟睡は九九・八％というものでした。

同時に被験者となった二人は、寝ている時間六時間半のうち、ぐっすり寝ている時間は二時間半、同七時間中一時間四〇分、というものでしたから、わたしの睡眠効率は驚異的なものだったのです。

睡眠と図太さとの間にどのような因果関係があるのかは、詳《つまび》らかにしませんが、いつでも、どこでも、よく眠れる、ということは、心を騒がすような余計なことを考えない、こまごましたことが気にならない、ということですから、ある種の図太さだといいきれます。

しかし、この図太さは誰でも身につけることができます。ポイントは寝る前の三〇分間にあります。その三〇分間は何も考えず、「心を落ち着かせる」ことにつとめるのです。

その前提になるのが、「結界《けっかい》」の設置です。お寺や神社には山門や鳥居があります。

あれがまさに結界。山門や鳥居によって外（俗）の領域と内（浄・聖）の領域を分けているのです。

参拝者はその結界をくぐり抜けることで、心の塵や埃を払い、浄（聖）なる領域にふさわしい清らかな心でお参りすることができるというわけです。

最寄り駅の改札や、自宅の門・玄関を結界に見立ててはいかがでしょうか。そして、その結界を越えたら、人間関係や仕事など、心を煩わせることは考えないようにするのです。はじめはなかなかうまくいかないかもしれませんが、すでにお話ししたように、人は習慣性がきわめて高いのです。継続は力。しばらく意識的に続けていると、必ず、できるようになります。

さて、寝る前の三〇分間ですが、心を落ち着かせるためには、なんといっても自分にとって「心地よい」と感じることをすることです。前の結界が空間的なそれなら、こちらは時間的な結界です。そこ（三〇分前）をきったら、心地よい時間に入っていきましょう。

心地よいことといっても、これは人によってそれぞれでしょう。好きな音楽を聴く、絵本や写真集を眺める、お気に入りのアロマを焚《た》く、軽く身体を動かす、星空を眺める、少々アルコールを嗜む……何でもいいのです。

心地よいことをしているとき、人はそのことと一体になっています。何も考えませんし、気になることもない。ただ、「ああ、心地よいなぁ」という感覚に包まれているのです。

ここが大事です。それがいちばん心が落ち着いていて、安らかな眠りに入る最適の状態なのです。

さあ、よく眠るための図太さを身につけるために、今夜から早速、ここでお話ししたことを実践してください。

二つの「結界」をつくれば安らかな眠りが訪れる

病気は大切なことを気づかせてくれる

仏教でいう四苦とは生《しょう》老《ろう》病《びょう》死《し》のことです。幼くして亡くなったり、健康になんの問題もないときに事故などに遭って亡くなったりするケースはありますが、ふつうの人生を考えれば、どんな人もこの四つの苦から逃れることはできません。

ここでは病気について考えてみましょう。

病気にも二つのパターンがあります。ひとつは治る病気、もうひとつはガンなどのように難病とされているものです。

「治る病気であっても、入院でもすれば、仕事に遅れをとってしまうし、経済的な面でも負担が大きい。気持ちまで落ち込んでしまいそう」

身体が病むことで心も萎《しお》れてしまう。そんな人はけっして少なくないでしょう。しかし、「病は気から」ともいいますし、心が元気をなくせば、病状が悪化したり、回復が遅れたりすることもあるのだと思います。

ひとつ知っておいていただきたいのは、病気は大切なことに気づかせてくれるということです。健康なときはたらふく食べたり、飲んだりすることもあったでしょう。しかし、胃は愚痴も文句もいわず、せっせとはたらいて、飲食したものを消化してくれていたのです。ですから、体調を壊すこともなかった。

そんなことは当たり前。そう、当たり前のことですが、胃を患って、好きなように飲食ができなくなったら、それがどれほど「ありがたい」ことだったかに気づきます。逆にいえば、病気にならなければ、当たり前のことがじつはこの上なくありがたいことなのだという、そのことに気づかないのです。

当たり前がありがたいことに気づく。それこそ禅がめざす心の境地といってもいいでしょう。坐禅も、作務《さむ》も、読経も……禅の修行はすべてその境地にいたるためにあるのです。

ちょっと飛躍ではありますが、その意味では、病気になることは禅の修行を積むことにも等しい、といういい方もできるわけです。

まあ、そこまでは考えなくても、ありがたさを知ることで、人は必ず成長します。誰かに感謝は心の器を広げるのです。これは、する側もそう、される側もそうです。誰かに「ありがとう」といったとき、心はどこまでも素直ではありませんか？　誰かから「ありがとう」といわれたとき、心はとてもあったかくならないでしょうか。

素直さもあったかさも、心の器を広げる良薬です。心の器が広がれば、人としても大きくなるのは、いってみれば必然でしょう。広がった心にはたくましさも、図太さも育っています。

一方、難病についてはどうでしょう。

曹洞宗大本山總持寺の貫首でもあった板橋興宗禅師は、もう、ずいぶん長い間、ガンと〝一緒に生きて〟おられます。お見舞いの手紙を差し上げると、決まって返ってくるのがこんな言葉です。

「ガンとは仲よくやっておる」

嫌だろうが、泣こうが、喚こうが、ガンが消えることはありません。そうであったら、一緒に生きていく以外にはない。共に生きるなら、仲違《たが》いするよりは仲よくするほうがいいではないか、というのが板橋禅師のお考えであり、現実にそうして日々を暮らしておられるのです。

それが病気であろうと、あるがままを受け容れるという、禅的生活の実践ですが、そこに穏やかな心が宿るのだと思います。ちなみに、笑いがガンに有効だとする報告もあります。笑うことでガンと闘う免疫力が高まるというのです。

反対に免疫力を低下させる元凶はストレスです。ガンであるわが身を嘆いてばかりいれば、ストレスも嵩じることになりますし、共に生きると腹を決めて、穏やかな心でいれば、笑うこともできるのです。その差は歴然でしょう。

病気になることは禅の修行に等しい

「すべてありがたい」が生きることの原点

みなさんにはいまの世の中がどのように映っているでしょうか。世の中の在り様を示す二つの諺があります。

「渡る世間に鬼はない」

「人を見たら泥棒と思え」

前者は、あたたかくて住みやすい世の中、後者は世知辛くて住みにくい世の中、ということになるかもしれません。もちろん、世の中は多面的であり、重層的でもありますから、その映り方もどちらか一方ということではなく、そのときどきに自分が置かれた状況で、前者のように感じたり、後者の感覚を持ったりするということなのでしょう。

ときにあたたかく、ときには世知辛い、そんな世の中を生きていくうえで、基本として心得ておくべきことは何でしょう。すべてのことが関係性のうえで成り立っている、という意識を持っていることだ、とわたしは思っています。

たとえば、仕事についていえば、仕事は自分が「やっている」のではなく、会社があり、上司や部下、同僚がいて、また、仕事相手の存在があって、その関係のなかで成立しているのです。

家族、恋人、友人、といった人との繋がりも、相手がいるから成り立っている。一事が万事です。人は関係性に支えられて生きているのです。その意識を持ったら、自分と関係を持ってくれるものに対して、感謝する気持ちになれると思います。

「仕事をさせていただけてありがたい」

「家族が（恋人が、友人が）いてくれてありがたい」

と感じませんか？　もっといえば、ご先祖様、両親との関係のなかで命をいただき、周囲のすべての関係によって生かしていただいていることに、深い感謝の念が湧いてこないでしょうか。

それが生きることの原点です。その原点をしっかり踏まえていれば、どんな世の中だろうと大丈夫。着実に前に進んでいけます。

すべてをありがたいと受けとる感謝の心は「これはありがたいが、これはありがたくない」というふうに、ものごとを分け隔てするところから脱した大きな心です。こまかいことにこだわらない図太さといってもいい。

もうひとつ大切なことは、「すぎない」ということだと思います。考えすぎない、悩みすぎない、迷いすぎない……。人は「すぎる」ことでつらくなったり、苦しくなったりするのです。

「即今《そっこん》、当処《とうしょ》、自己《じこ》」

たったいまそのとき、自分がいるその場所で、やるべきことを自分自身でやる。それがいちばん大切なのだ、という意味の禅語です。どんなときにも、どのような場所（環境）にいても、自分がやるべきことはあります。

それをただ必死にやっていけばいいのです。やらないから、考えすぎたり、悩みすぎたり、迷いすぎたりすることになるのです。

「得意先に迷惑をかけてしまった。どうしよう、相当ご立腹だろうな。なんて言って謝ったら、許してもらえるだろうか。考えちゃうな」

迷惑をかけたら、やるべきことは「ただちに謝罪する」しかありません。すぐにも先方に足を運んで頭を下げる。それ以外にこちらの謝意と誠意を伝える方法などないのです。考えすぎれば、すぎるほど、苦しくなりますし、動けないということにもなってきます。

また、社内に仕事ができて、人間的にも魅力的な先輩がいて、その人とお近づきになりたいなら、「今度、飲みに行きませんか？」と真っ向からぶつかればいいのです。それがその状況でのやるべきことでしょう。

「すぎない」ための妙法は、とにかく、躊躇《ためら》わずに図太く「やる（動く）」ということです。そうしていたら、どんな状況も乗りきれます。


「すぎない」ための妙法はとにかく「やる」しかない

「見切る」図太さを持って、余計なものを剥がす

しばらく前からミニマリズム、ミニマリストという言葉が話題になっています。ミニマリズムは最小限主義。その実践者がミニマリストです。禅的にいえば、持たない生活、シンプルな暮らしが、それにあたるといえるでしょうか。

確かに、現代人はものを持ちすぎています。部屋のいたるところにものが置かれ、それに圧迫された窮屈なスペースで生活しているというのが、都会に住む人の一般的な暮らしぶりです。

ものが増えるのは、人間の根源的な資質とかかわっています。お釈迦様の言葉に次のようなものがあります。

「人間の欲望というものは、たとえヒマラヤの山を黄金に変えたところで、満たされることはない」

人の欲望には際限がないのです。どれほどものを持っても、それで満足することがない。それどころか、ひとつ持てば次のものが、それを持てばさらにまた次が欲しくなるのです。

念願のブランドのバッグを手に入れた。しかし、それで心が満たされるのはほんの一瞬。すぐにもスカーフが、アクセサリーが、靴が……欲しくなる。みなさんにもそんな経験があるのではないでしょうか。

そのように欲望はふくらんでいくわけですが、他方、一度手に入れたものは手放せないという心理が人にはあります。「もっと欲しいけど、どれも手放せない」のでは、ものが増えていくのは当然の帰結です。

必要なのは「見切る」図太さです。たとえば、クローゼットに吊したままになっていながら、なかなか手放せないでいる洋服。その洋服を最後に着たのはいつですか？

「確かな記憶はないけれど、そうだな、三年前くらいだったかしら？」

では、三年間一度も袖を通していない洋服を、これから先に着る可能性はどのくらいあるでしょうか。

「う〜ん、たぶん、ないと思う」

そんな答えが一〇〇％に近いのだと思います。そうであったら、その洋服はスペースを占領するだけの死蔵品です。それは見切る、手放すと決めるのです。「惜しい」という感情を除けば、そのことによって生じる暮らしへの影響は、スペースが広がって、暮らしやすくなるということだけです。

食器や鍋釜などの生活用品、生活小物、調度品……などもの全般について同じことがいえます。使っていないし、この先使わないものはたくさんあるはず。それらを見切れば、さらに暮らしやすさは増します。

ものだけではありません。**「ヒト」も「カネ」も「情報」も、図太く見切ってください。**

たとえば、ヒト。あまり気がすすまないのにもかかわらず、誘われるからつきあっている、という相手がいませんか？　いわゆる、惰性でつきあっているという状況ですが、さて、その人とのつきあいを断ったら、何か不都合があるでしょうか。

「不都合どころか、気持ちがグッとラクになる」

見切ることを躊躇《ためら》う要素などどこにもないのです。心をいちばん窮屈にするのが人のしがらみです。それを断つ、手放すことは、心を自由にしていくことにほかなりません。

カネも稼ぐことが最初に「ありき」になれば、道を誤ることにもなりかねません。前にお話しした「知足」が大事。「これでありがたい。もう、十分」というところに立てば、もっと稼ぎたいという欲は見切れます。

情報も集めすぎるから縛られたり、振りまわされたりするのです。本当に必要な情報はかぎられています。それだけを取り入れ、あとは惜しまずどんどん手放す。これは、この情報化時代を生き抜く賢い知恵といってもいいでしょう。

見切ることは、暮らしのぜい肉を落とすこと、余計なものを剥がしていくことです。その先にあるのは、軽やかで豊かなシンプル生活です。

ものは手に入れるより
図太く「見切る」

人のいうことに惑わされず自分の感性を貫く

人の口に戸は立てられない、といいますが、集団や組織のなかでもさまざまな話題が飛び交います。噂やデマの類は、聞くと信じてしまう方も多いでしょう。たとえば、こんな「人物評」です。

「得意先のA社で新しく部長になったBさん、とにかく厳しい人らしいよ。ちょっとでも礼儀に外れるようなことをしたら、話の途中でも席を立って『出直してください』と追い返されるって聞いている」

この手の話は尾ひれがつくとはいうものの、名うての厳格部長と聞けば、話だけでも緊張しそうです。他人の話や意見に左右されやすい人はなおさら。恐ろしげな部長像を心のなかで描き、震え上がるかもしれません。

その人と面談しなければならないとなったら、緊張は極に達するでしょう。

「とにかく失礼があっちゃいけない。はじめにケチをつけたら、あとあとまで響くだろうし。うまく切り抜けられるかな。へまをしちゃいそうだな……。ああ、胃が痛くなってきた」

これでは実際の面談がどんな展開になるか、容易に想像ができそうです。会う前から〝蛇に睨《にら》まれた蛙〟状態なのですから、挨拶もまともにできるかどうか疑わしい。終始、〝固まった〟まま、相手に完全に主導権をとられ、こちらは何の主張もできないまま、面談終了となっても不思議はありません。

「火のないところに煙は立たない」といいますから、そうした噂的な人物評にまったく根拠がないわけではないでしょう。彼の部長も目に余るほど礼儀知らずな相手を一喝したということが、事実、あったかもしれない。

しかし、それが彼の部長にとってたった一度の激高だったということだってあるのです。あとはその逸話が一人歩きして、とてつもなく厳格な部長というレッテルが貼られることになったということも、十分に考えられるのです。

むしろ、噂とはそういうもの。一が一〇にも、一〇〇にもふくらんでいくものなのだと思います。

噂が耳に入ってくるのは止めようがありませんから、その場で聞き流してしまうのがいちばんいいのですが、どうしても気になってしまうという人は、一〇分の一、二〇〇分の一に割り引いて聞くことです。

確かなことは、その人がどんな人なのかを知るには、直接、会って自分で感じるしかないのです。言葉を換えれば、**自分が感じたそのままが、自分にとってのその人なのです。**噂やデマ、そういって悪ければ、根拠の希薄な事前情報でかたちづくられる先入観は、目を曇らせますし、感性を鈍らせます。

一〇分の一、二〇〇分の一への〝割引〟を忘れないでください。

また、社内で自分が噂やデマの標的になることがあるかもしれません。

「彼女、真面目そうに見えるけれど、私生活は相当ハデみたいよ。自宅以外から出勤することも珍しくないんだって……」

まったく身に覚えがないことであっても、まことしやかに囁かれたら、心穏やかではいられないでしょう。しかし、人の噂も七十五日、その賞味期限はそう長いものではありません。

ここは、いつもどおりにふるまう。そのことに徹してください。噂の火元を明らかにして、直接抗議したり、あるいは、逆におもねったり、卑屈な態度を見せたりするのは、火に油を注ぐことにしかなりません。

噂の火元とも、その取り巻きとも、顔を合わせたら、「おはよう」といつもどおりに挨拶を交わす。少々、自分を鼓舞してでもそうしましょう。噂やデマを撃退する、もっとも有効な方法は、そう、歯牙にもかけない図太い態度、ふるまいなのです。

七十五日とはいいません。でもこれで、賞味期限は大幅に短縮されます。

噂やデマは〝いつもどおり〟で撃退する

結婚は「ご縁」にまかせる

いまは結婚を望まない若者が増えているようです。独立行政法人　国立青少年教育振興機構がおこなった二〇一五年の調査によれば、二〇代の未婚者の一七・八％（男性では二一・六％、女性は一二・九％）が、「結婚したくない」と答えています。しかし、「結婚したい」と答えた人も、「早くしたい」「いい人が見つかったらしたい」「いつかしたい」と、多少の温度差があるものの、合計で七八・〇％にのぼっています。

潜在的には、やはり、結婚に対する願望や憧れがあるのだと思います。とくに周囲の仲のよい友人たちが、次々に結婚していくという環境にあったりすれば、結婚への思いが強くなって当然でしょう。

結婚を「したくても、できない」という状況は心の負担となりそうです。焦る気持ちにもなるでしょうし、自分を不甲斐ないと感じることもあるでしょう。自分を責めたり、引け目を感じたりするかもしれない。

しかし、結婚は「ご縁」があって成立するものです。ですから、ご縁があったときにすればいい。これがわたしの結婚についての考え方のすべてです。

結婚するということが先にあると、たとえば、誰かと恋愛関係になったとき、自分を少しでもよく見せようという欲がはたらきます。ふだんはコンビニ弁当ですませてしまうことが多いのにもかかわらず、グルメでおいしい店をたくさん知っているかのようにふるまったり、知的な会話は苦手なのに、付け焼き刃の知識や情報を仕入れて、知性派を装ってみたり……。

また、自分を抑えて相手に合わせるようにもなるでしょう。

「今日はイタリアン？　うれしい、わたし、大好きなの！（本当はチーズがダメで、和食党なのだけれど……）」

「デートでこうやっていろいろなお店を見てまわるのって、すっごく楽しい！（あ～あ、どこかで落ち着いて話がしたいな）」

よく見せることも、相手に合わせることも、「結婚にこぎ着けるまでは！」という切なる思いがさせるわけですが、これって、自分らしい生き方からどんどん離れていくことではありませんか？

かりに、〝努力〟が実って結婚の運びになったとしても、大変なのはそこからです。恋愛中と結婚生活に入ってからでは、様相がガラリと変わります。一緒に暮らしているわけですから、自分以上によく見せることはできません。それ以前に、よく見せる気持ちもなくなるでしょう。

相手に合わせることにも限界がきます。食の嗜好や趣味、暮らし方、ものの見方やお金に対する価値観などのちがいが、遠からず露わになってきます。もちろん、これは双方についていえることですが、「そんな人だと思わなかった」「こんなはずではなかった」ということになるのです。

結婚はご縁にまかせませんか。ご縁がやってくるまでは、自分らしく生きることだけにつとめるのです。そうしているなかで結ばれるご縁は、いつも自分らしくいられる、ありのままの自分を出していけるそれです。

「任運自在《にんうんじざい》」

この禅語は、すべて自然の流れにまかせきって、はからいをしない、という意味です。ありのままの自分で、自分らしく生きることが、それにあたります。人はその姿がいちばん美しいのです。いちばん輝いているのです。

ご縁がそんな生き方を見逃すはずがありません。出会いは必ずあります。焦らず、じっくり（すぐにやってくるかもしれません）、そのときを待つ。その図太さが自分にふさわしい幸せな結婚に繫がっていくのです。

「ご縁」は、自分らしく生きた延長線上にある

究極の図太さとは、「ただの人」として生きること

ビジネスパーソンにとって出世は人生の目的のひとつでしょう。ひとつの、というよりは、もっとも大きな目的だと考えている人も少なくないかもしれません。自営業や自由業の人も、その事業や仕事を大きくすること、それによって多くの収入を得たり、社会的な地位を獲得したりすることを望まないということはないでしょう。

ですから、出世に血道をあげることが、一概に悪いというつもりはないのです。ただし、「たかが、出世じゃないか」という感覚は持っていていただきたい、とわたしは思っています。

ビジネスパーソンの場合、仕事をしている期間は四〇年余りでしょう。かりに企業のトップにまで上り詰めたとして、その座についているのは、通常、数年程度なのではないでしょうか（米国のコンサルタント会社の調査によれば、世界の上位二五〇〇企業のCEOの平均在任期間は約六年半とされています）。

八〇年余の人生からみれば、数年などわずかな期間です。そこで出世をきわめた美酒に酔いしれたとしても、その座を退けば、ただの人になるわけです。その後の二〇年以上をただの人として生きていかなければいけないのです。

わたしは、仮の姿である肩書きからも、地位からも離れた、ただの人としてどう生きるかに、人生はかかっている、と思っています。人生に幕を下ろし、旅立つときに、

「ああ、いい人生だったなぁ。やることはやりきった」

と感じることができる人生が、いちばんすばらしいのです。その人の幸せも、また、そこにある。もし、そのステージにいて、

「確かに出世はしたが、その間、ずいぶん家族を犠牲にしてきたな。家族のためにやるべきことがあったのに、ほとんどできなかった」

「出世のためになりふりかまわず生きてきて目的は達した。しかし、リタイヤ後は気力も失せて空疎そのものだった。自分の人生っていったい何だったのだろう？」といった思いが湧くとしたら、それはいい人生といえるでしょうか。答えは明らかでしょう。

ただの人としてしっかり生きるということは、人間として成長を続けていくことだと思います。現役時代であろうと、リタイヤ後であろうと、一日一日、踏み出す一歩一歩が、人間として厚みを増すことに繋がっているかどうか。そのことがカギを握っています。

あまりよい例とはいえませんが、たとえば、出世のために他人の寝首を掻くといったことをしたら、かりに出世をしたとしても、それは人の厚みとは縁もゆかりもありません。ただの人としては悔いの残る生き方でしょう。

一方、出世など埒外に置いて、そのとき、家族のため、あるいは、大切な人のために、一所懸命に動いた。こちらはただの人として立派な生き方だ、とわたしには思えます。禅にこんな言葉があります。

「枯高《ここう》」

その意味は「枯れ長けて強い」ということ。喩えれば、長い年月を風雪に耐えるなかで、朽ちた枝も目立ち、葉の緑も褪《あ》せていながら、確固たる威厳を保っている老松の風情がそれといっていいでしょう。

人も晩年は枯高の姿でありたいものです。日々、人間としての厚みを増していくことにしか、その姿になるすべはありません。

繰り返しになりますが、人生はただの人としてどう生きるかにかかっています。まわりのなかでどうか？　ではなく、自分の信条を貫いて生きる。究極の図太さとはそういうものではないか、とわたしは思っています。

〝ただの人〟としてどう生きるか　それで人生は決まる

特別付録

寝つきが悪い人のための
眠れる坐禅

第五章でお話ししましたが、安らかな眠りにつくためには、心地よいことをするのがいちばんです。心が落ち着いてくる、そのもっとも有効な方法は、いうまでもなく、坐禅です。

禅の修行中には「夜坐」といって、夜に坐禅をしますが、その心地よさは格別。心がシーンと静まりかえるように穏やかになって、どこにもとらわれるところがないのです。坐禅にまさる〝入眠剤〟はない、と断言しましょう。

そのことは医学的にも実証されています。みなさんは「セロトニン」という言葉を聞いたことがありませんか？　神経伝達物質の一種で、心を穏やかにする効果があるとされているものです。

丹田呼吸をともなう坐禅は、そのセロトニンを活性化させることが明らかになっています。すなわち、坐禅→セロトニンの活性→心の平穏、という図式が成立するというわけです。

本来、坐禅は修行を積んだ禅僧の指導を受けておこなうのがいい、とわたしは考えています。自分が坐禅の正しい姿勢になっているか、正しく呼吸しているか、などは自分ではなかなか判断しにくいのです。

そばにいてチェックし、直してくれる指導者がいると、コツを掴みやすいですし、早く身体で覚えることもできます。そして、いったん身体で覚えてしまえば、いつでも、どこでも、スーッと坐禅に入っていくことができるのです。

しかし、本格的な坐禅でなくても、坐禅がもたらす〝感じ〟は体感することができます。ここでは「椅子坐禅」を紹介することにしましょう。これは、ベッドに腰かけたり、キッチンの椅子を使ったりして簡単にできるものです。

10分間の「椅子坐禅」が心のモヤモヤを払う

手順❶

まず、真っすぐにすわる

クッションが堅めの椅子に、浅く腰をかけます。背筋を真っすぐに伸ばし、頭のてっぺんから尾てい骨までが一直線になった状態に。

下腹部を前に
突き出す
イメージです。
背中は背もたれに
つけません。
左右の太ももの間は
こぶし二つ分くらい
開けます。
ひざを直角に曲げ、
足の裏をしっかり床に
つけます。

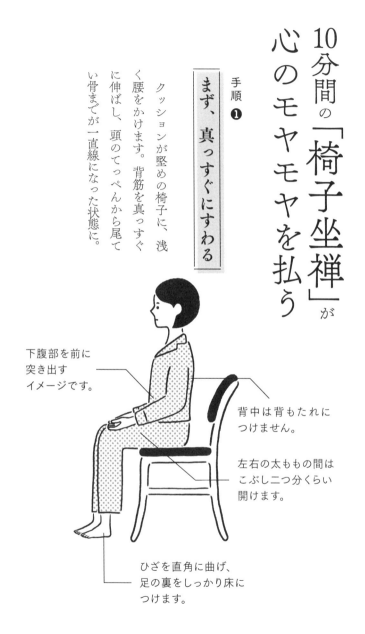

その姿勢、本当に真っすぐ？

猫背
あご出し

背中が曲がった猫背にならないようにしましょう。そのとき、あごも出やすいので気をつけて。

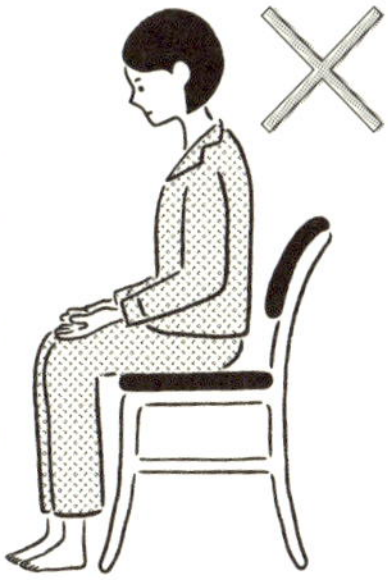

前傾

みなさんに、真っすぐすわってくださいというと、必ずといっていいほど、前傾気味に。自分では、「こんな後ろ？」と思うくらいが、じつは真っすぐなのです。

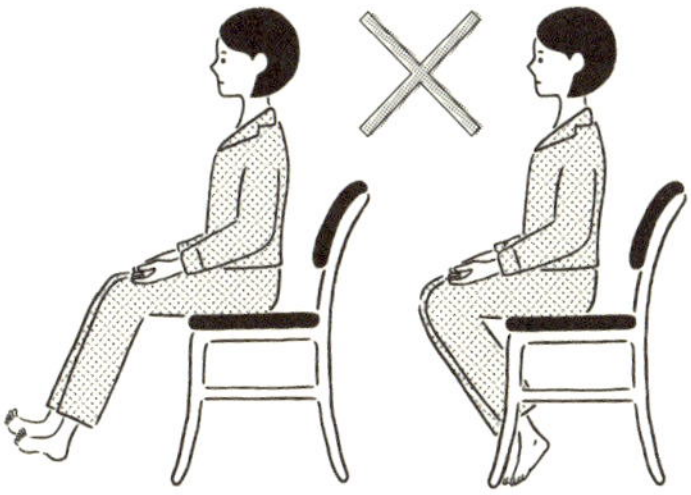

足がだらしない

足が真っすぐ床についていないと、正しい姿勢にはなりません。

左右ズレ
首曲がり

身体が左右にズレている人は、首も同様に曲がりがちです。

左右揺振《ようしん》で「真っすぐ」を確認

姿勢が真っすぐになっているかどうかは、両方の手のひらを上に向けて、ひざの上に置き、上体を左右に揺らしてみるとわかります。最初は揺れを大きく、徐々に小さくして、体の軸が真っすぐになったとき、感じとしては、すわりごこちがしっくりきたところで止めましょう。

手順❷

次に、手を組み合わせる

両手のひらを上に向け、右手の上に、指どうしが重なるように左手をのせます。

左右の親指の先が軽く触れ合うようにしましょう。両手の指で卵形をつくるようなイメージです。これは法界定印《ほっかいじょういん》という印を結ぶことを意味します。

手を置く位置は、
お腹より
少し前あたりです。

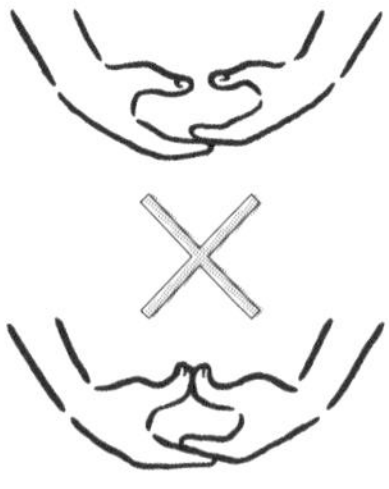

親指の先が離れていたり、逆にくっついて反ってしまわないように。

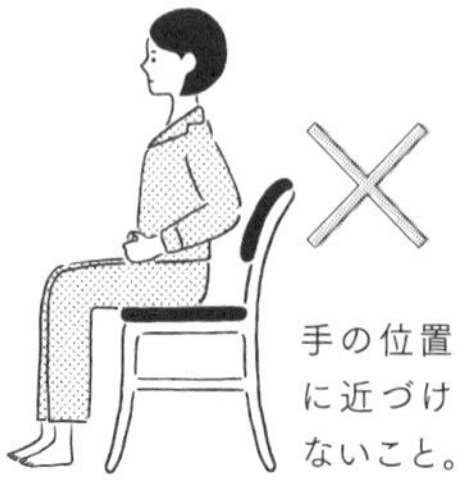

手の位置は体に近づけすぎないこと。

手順❸

目線は斜め一・五メートル下に

目線は一・五メートルくらい先の床を見ます。目は完全につぶらず、半分開けておきます。これを半眼《はんがん》といいます。半眼にしておくと、眠くならずに坐禅に集中できます。

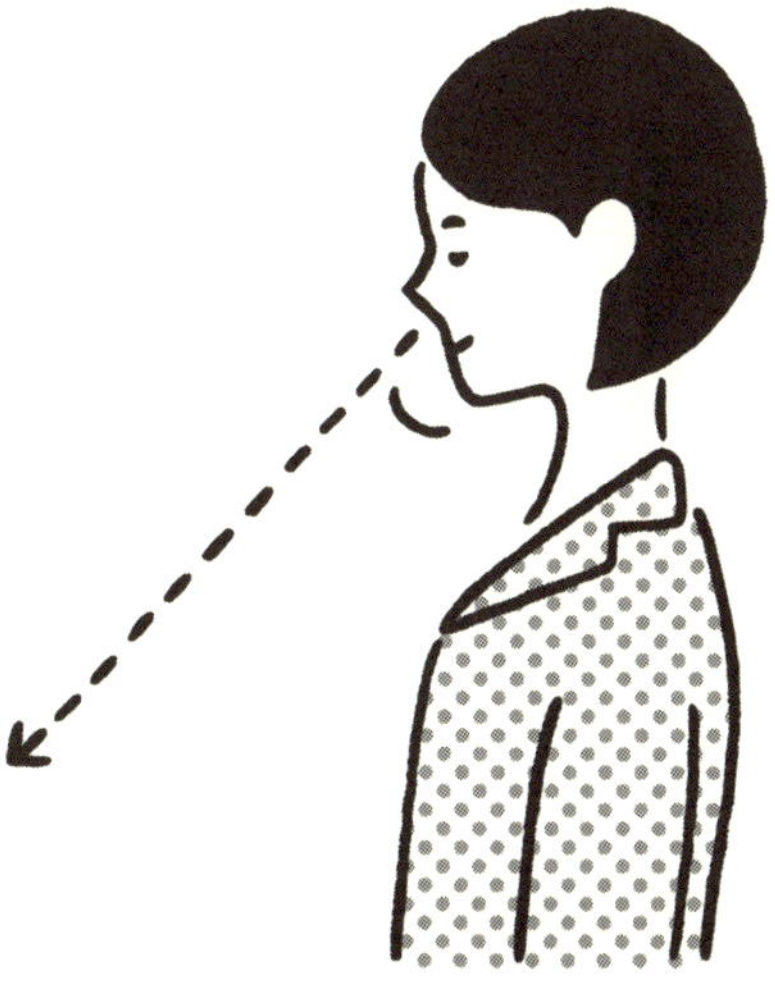

仏様の目は半眼になっています。
仏様のようなやさしい気持ちで、
心を落ち着かせましょう。

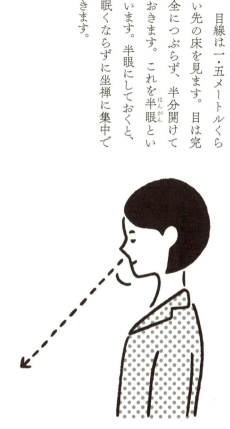

手順❹

深く、ゆっくり、丹田呼吸

ここからが呼吸です。まず、大きく息を吸い、おへその下、二寸五分（約七・五センチ）の場所にある「丹田」を意識しながら、口や鼻から大きくゆっくり息を吐きます。できるだけ長く、また、身体のなかのものをすべて吐き切るようにしてください。次に、呼吸はゆっくりと鼻からお腹まで落とすようにしましょう。各人それぞれの速度で丁寧におこなってください。できれば、一〇回深呼吸をします。その後、大きく息を吸分間。忙しい人でも五分以上が目安です。

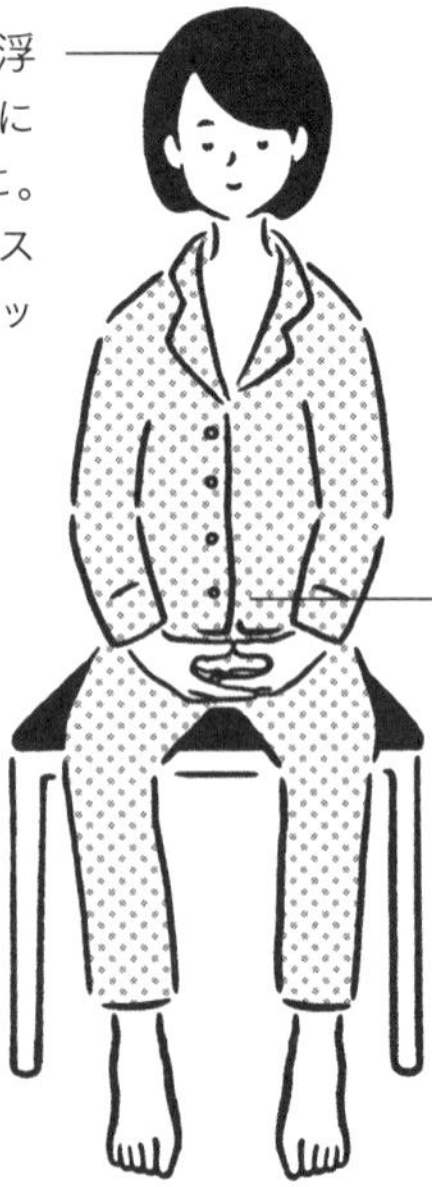

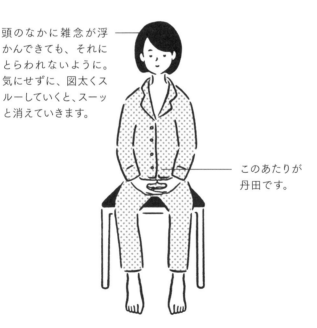

頭のなかに雑念が浮かんできても、それにとらわれないように。気にせずに、図太くスルーしていくと、スーッと消えていきます。
このあたりが丹田です。

いかがでしたか？　この「椅子坐禅」をおこなうと、心が静まってくる感じが体感できるはずです。慣れてくると、心が澄みきっていくような感覚が味わえます。ふだん気づかない小鳥のさえずりや風の音、空気のにおいまで感じられるようになる。そのときの心地よさは、喩えようもないほどです。

坐禅をしている間には、さまざまな思いが湧くかもしれません。それはそれでいいのです。大切なのは湧いた思いをとどめないことです。放っておくと、思いは自然に消えていきます。

よく、坐禅のときは「無心」になりなさい、などといいますが、無心とは何も思わないことではないのです。思いを湧いてくるまま、消えていくままにまかせる。それに取り合わないことが無心ということだ、とわたしは思っています。

さあ、良いことだけを考えて、ゆっくりお休みになってください。

枡野俊明（ますの・しゅんみょう）

曹洞宗徳雄山建功寺住職、多摩美術大学環境デザイン学科教授、庭園デザイナー。大学卒業後、大本山總持寺で修行。禅の思想と日本の伝統文化に根ざした「禅の庭」の創作活動を行い、国内外から高い評価を得る。芸術選奨文部大臣新人賞を庭園デザイナーとして初受賞。ドイツ連邦共和国功労勲章功労十字小綬章を受章。また、2006年「ニューズウィーク」誌日本版にて「世界が尊敬する日本人100人」にも選出される。庭園デザイナーとしての主な作品に、カナダ大使館、セルリアンタワー東急ホテル庭園、ベルリン日本庭園など。主な著書に『禅、シンプル生活のすすめ』、『心配事の９割は起こらない』などがある。

傷つきやすい人のための
図太くなれる禅思考

2017年5月 2 日　第 1 刷発行
2023年9月15日　第10刷発行

装丁　大場君人
イラスト　安井彩
校正　株式会社ぷれす
編集・プロデュース　（株）岩下賢作事務所
編集協力　コアワークス、谷綾子（文響社）
発行者　山本周嗣
発行所　株式会社文響社
〒105-0001　東京都港区虎ノ門2-2-5　共同通信会館9F
ホームページ　http://bunkyosha.com
お問い合わせ　info@bunkyosha.com
印刷・製本　中央精版印刷株式会社